Swoboda · Lintzen

Das will ich wissen ... 2

Musikalisches **Grundwissen** rund um das **KEYBOARD**

- Noten schreiben
- Noten lesen
- Infos zum Instrument
- 200 spielerische Trainingsaufgaben
- Akkordtabelle
- Rhythmus
- Musiktheorie
- Rätsel

SCHOTT

Mainz · London · Madrid · New York · Paris · Tokyo · Toronto

ED 8588
ISBN-Nr.: 3-7957-5431-3
ISMN-Nr.: M-001-11542-1

Printed in Germany · BSS 48 869

Vorwort

Hallo, liebe Keyboardspielerin und lieber Keyboardspieler!

In diesem zweiten Trainingsheft gibt es wieder neue Geheimnisse über das Keyboard und die Notenschrift zu entdecken. Du wirst noch mehr Tasten am Keyboard kennenlernen und bald wissen, wann man sie für ein Musikstück einsetzt. Außerdem wirst du erfahren, was es mit den Akkorden auf sich hat. Es gibt neue Akkorde zu lernen und eine Menge Noten und Zeichen, die dir in dem einen oder anderen Musikstück vielleicht schon aufgefallen sind.

Dieses Buch enthält viele interessante Aufgaben zum Ausfüllen, Raten, Ankreuzen und Zuordnen. Wenn du die Aufgaben im Trainingsheft Nr. 1 schon alle gelöst hast, werden dir die neuen Aufgaben sicher nicht schwerfallen.

In den Wissenskästchen kannst du nachschauen, ob du die richtigen Lösungen gefunden hast.

Den meisten Spaß wird es dir bereiten, am Ende eines jeden Kapitels auf Fehlersuche zu gehen. Sicher wird dir dein neues Wissen helfen, alle Fehler zu entdecken und das Lösungswort zu finden.

Hier noch ein Tip:

Trage die Lösungen zuerst mit Bleistift ein. Du kannst dann leicht eine Lösung ausbessern, wenn du dich einmal geirrt hast.

Wir wünschen dir viel Spaß!

Maria Swoboda und Ilse Lintzen

Inhalt

Teil 1

Teil 2

Teil 3

Teil 1

Halb- und Ganztonschritte

Ein Halbtonschritt (HT) ist der Weg von einer Taste zur danebenliegenden schwarzen oder weißen Taste.
Ein Ganztonschritt (GT) überspringt eine Taste. Er besteht aus zwei Halbtonschritten.

Beispiel:

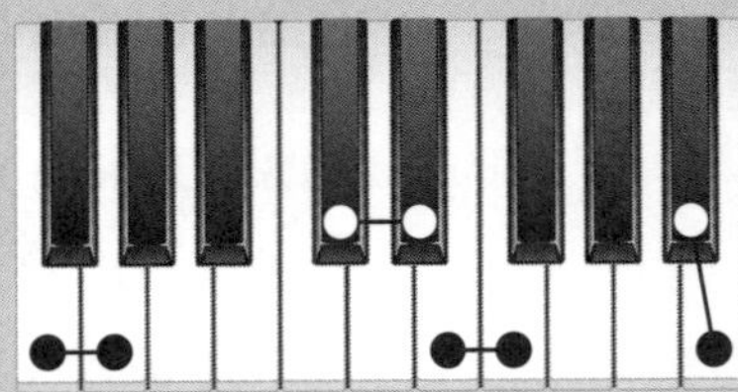

GT GT HT HT

Fill-ins

Fill-ins sind rhythmische Einwürfe, meistens mit dem Schlagzeug. Mit Fill-ins werden Übergänge innerhalb eines Stückes deutlich hervorgehoben.

1 Trage die Halb- (HT) und Ganztonschritte (GT) ein.

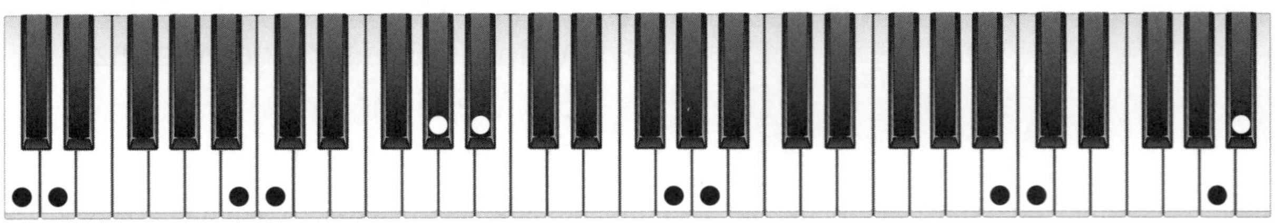

GT ___ ___ ___ ___ ___

2 Bilde Ganz- und Halbtonschritte und trage die fehlenden Punkte auf der Tastatur ein.

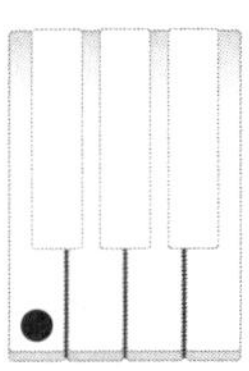

GT

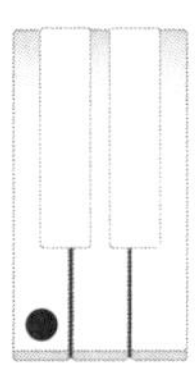

HT

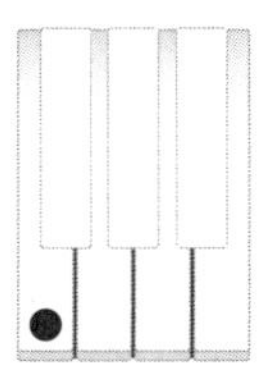

HT

GT

3 Trage ein: Intro, Ending, Fill-in.

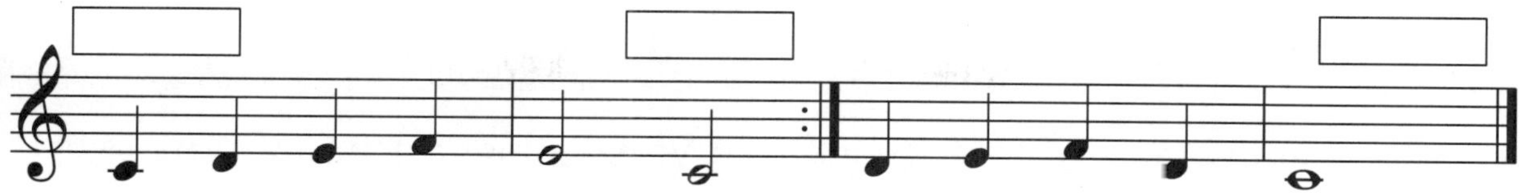

Versetzungszeichen: Das Kreuz (♯)

Das Kreuz (♯) vor einer Note erhöht diese um einen Halbton (nächste Taste rechts). Dem Notennamen wird die Endung „is" angehängt (c = cis, d = dis).

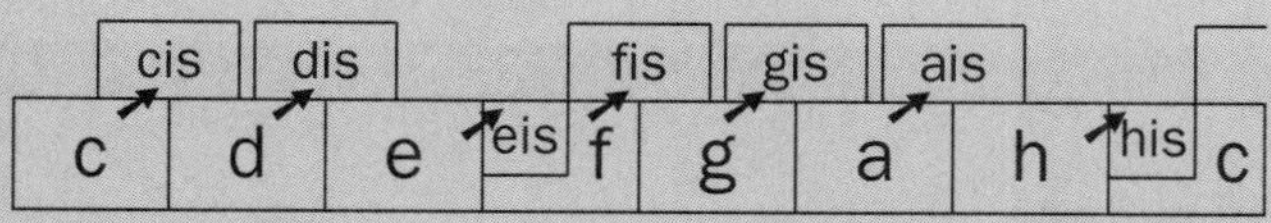

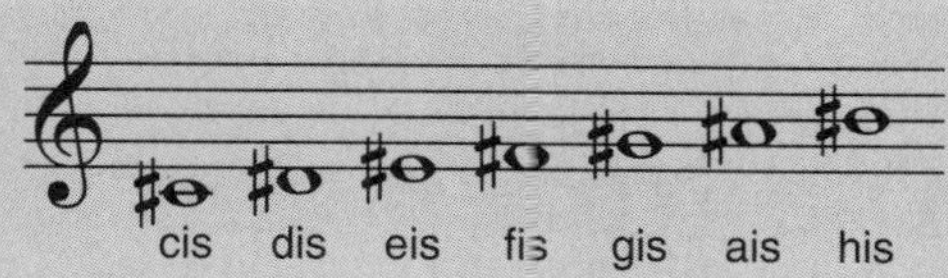

Das Versetzungszeichen gilt nur für den Takt, in dem es steht:

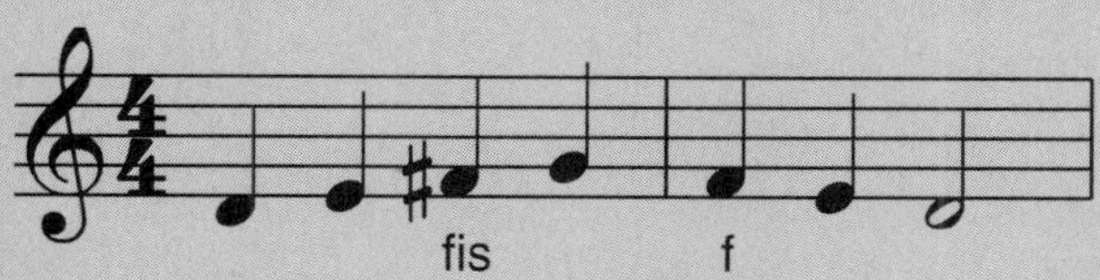

4 Schreibe je viermal das Versetzungszeichen ♯.

5 Schreibe vor jede Note ein ♯.

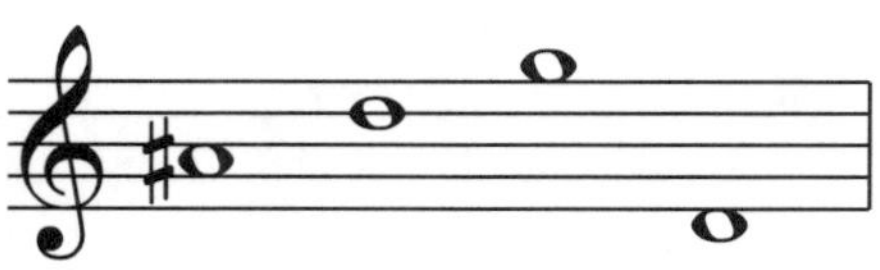

6 Wie heißen die Noten?

__ __ __ __

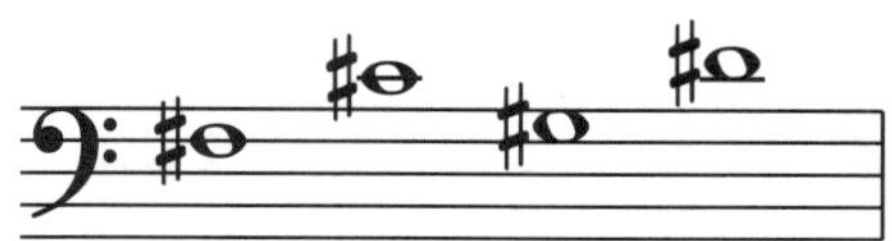

__ __ __ __

7 Wie heißen die Noten dieser Melodie?

__ __ __ __ __ __ __ __ __

Das Auflösungszeichen (♮)

Das Auflösungszeichen (♮) hebt ein Versetzungszeichen wieder auf.

g fis f

Das Auflösungszeichen gilt nur für den Takt, in dem es steht.

Die Noten von g bis d¹

g a h c^1 d^1

8 Schreibe je viermal das Auflösungszeichen ♮.

9 Schreibe vor jede Note ein Auflösungszeichen ♮.

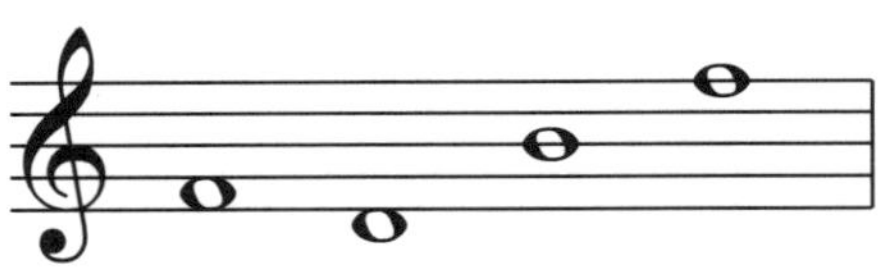

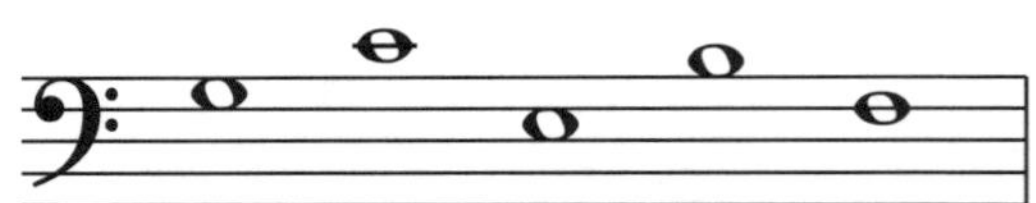

10 Wie heißen die Noten?

11 Wie heißen die Noten?

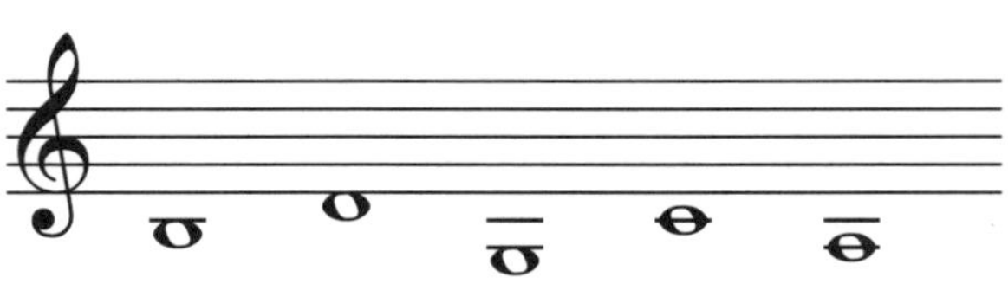

Die Dur-Tonleiter

Eine Tonleiter besteht aus acht Tönen, die stufenweise angeordnet sind. Die einzelnen Töne werden auch nach ihrer Tonstufe (1. bis 8. Stufen) benannt. Eine Tonleiter besteht aus Ganzton (GT)- und Halbtonschritten (HT). Bei der Dur-Tonleiter liegen die Halbtonschritte zwischen der 3. + 4. und der 7. + 8. Stufe.

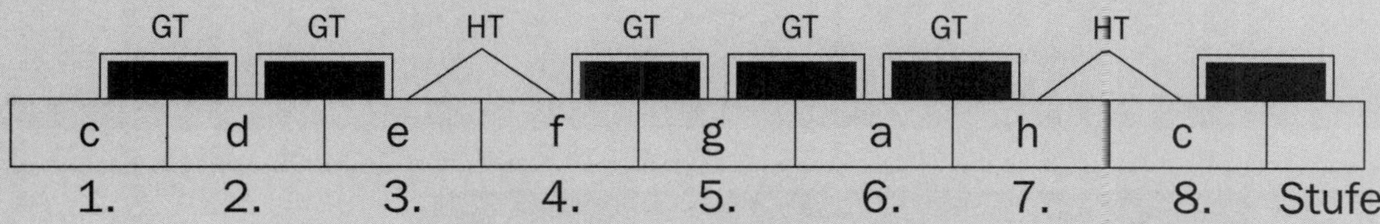

Die Tonleiter wird nach dem Ton der 1. Stufe benannt. Das Beispiel zeigt die C-Dur-Tonleiter

Fingersatz der C-Dur-Tonleiter für die rechte Hand:

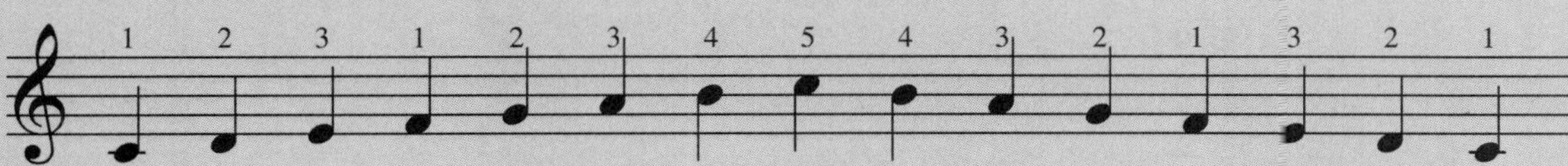

Melodien mit den Tönen der C-Dur Tonleiter stehen meist in der Tonart C-Dur.

12 Wo liegen die Halbtonschritte bei der Dur-Tonleiter?

Zwischen der 3. und ___ Stufe und der ___ und ___ Stufe

13 Zeichne die Halbtonschritte (Λ) ein.

14 Was sind die Merkmale der Dur-Tonleiter? Kreuze die 4 richtigen Antworten an.

- ☐ Die Tonleiter besteht aus acht Tönen.
- ☐ Ein Halbtonschritt liegt zwischen der 3. und 4. Stufe.
- ☐ Die Tonleiter besteht aus acht Ganztonschritten.
- ☐ Ein Halbtonschritt liegt zwischen der 7. und 8. Stufe.
- ☐ Die Tonleiter wird nach dem Ton der 5. Stufe benannt.
- ☐ Die Tonleiter wird nach dem Ton der 1. Stufe benannt.

Staccato

Staccato: spiele kurz und gestoßen

Punkt über oder unter dem Notenkopf

Legato

Legato: spiele gebunden

Bogen über oder unter den Noten

Akkorde

D⁷-Akkord

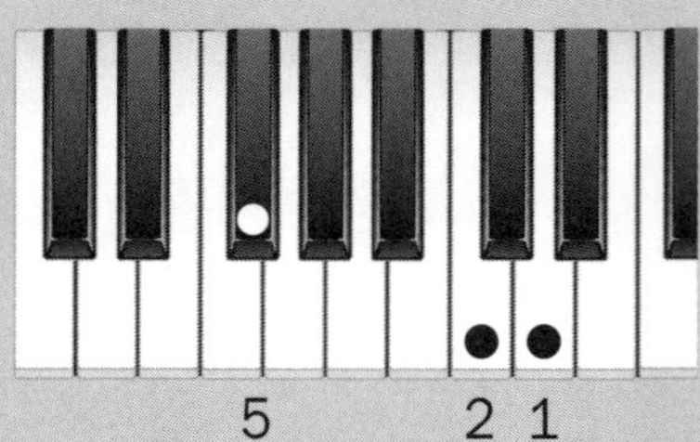

D⁷

15 Wie spielt man folgende Noten (kurz oder gebunden)?

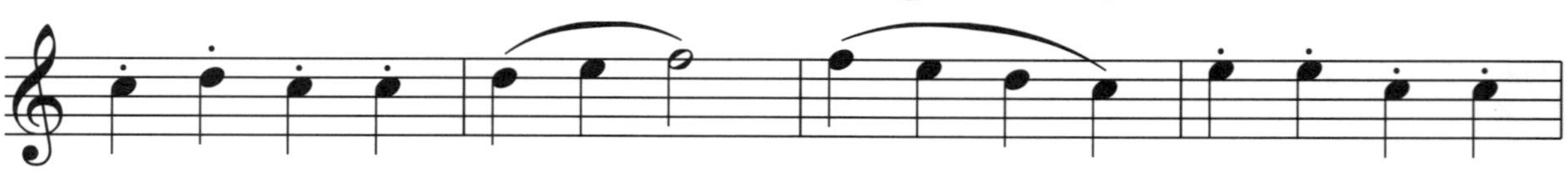

Spiele: *kurz* ________ ____________ ____________

16 Trage die Phrasierungszeichen ein (staccato oder legato).

17 Kreuze an:

legato bedeutet:
- ☐ egal
- ☐ Reptil
- ☐ spiele gebunden

staccato bedeutet:
- ☐ spiele kurz
- ☐ ital. Eis
- ☐ Vorspeise

18 Umkreise den D⁷-Akkord.

Der Dreiklang

Ein Dreiklang besteht aus drei Tönen: Grundton, Terz und Quinte.
Die Töne des Dreiklangs bilden zwei übereinander stehende Terzen.

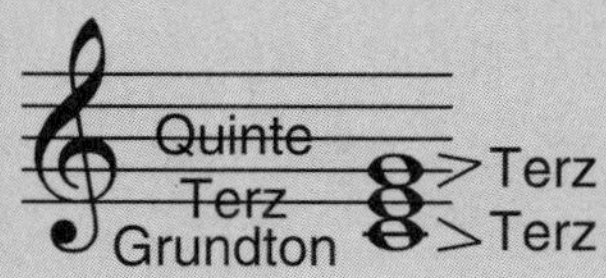

C-Dur-Dreiklang

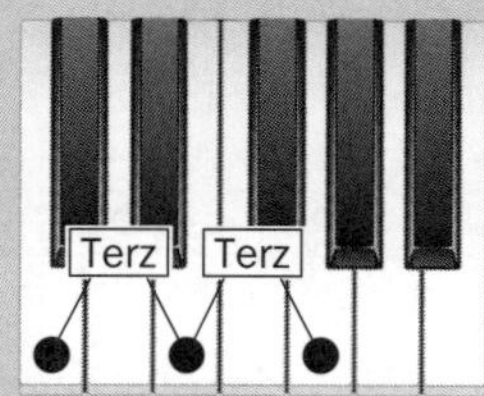

Grundton Terz Quinte

C-Dur-Dreiklang

Der Dreiklang auf jeder Stufe der C-Dur-Tonleiter:

I. II. III. IV. V. VI. VII. Stufe

19 Kreuze die richtige Antwort an.

- ☐ Der Dreiklang ist eine Tonleiter.
- ☐ Der Dreiklang besteht aus Grundton, Terz und Quinte.
- ☐ Der Dreiklang besteht aus drei nebeneinanderliegenden Tönen.

20 Bilde Dreiklänge über diesen Tönen:

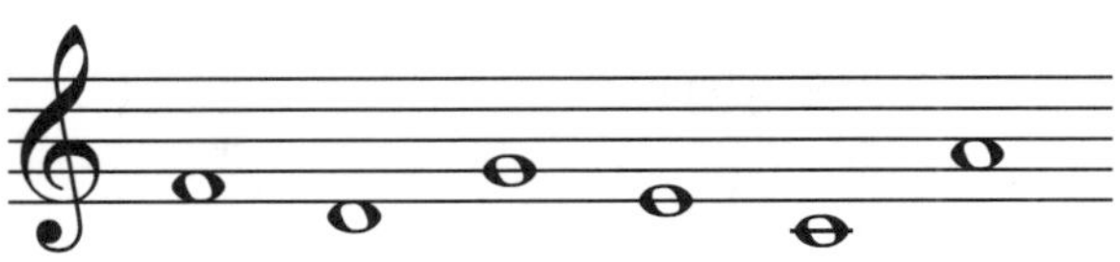

21 Kreuze die Dreiklänge an:

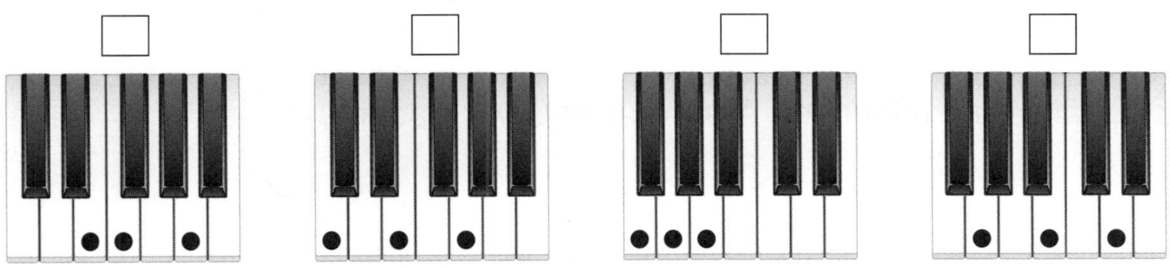

Die Hauptdreiklänge

Auf jeder Stufe der Tonleiter kann ein Dreiklang gebildet werden. Die wichtigsten Dreiklänge stehen auf der I., IV. und V. Stufe und werden Hauptdreiklänge genannt.

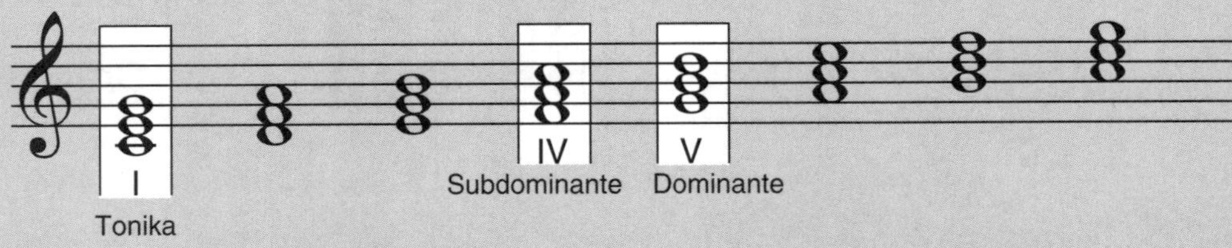

Die meisten Lieder in C-Dur können mit diesen Hauptdreiklängen begleitet werden.

Die Kadenz

Die Verbindung der Hauptdreiklänge nennt man Kadenz.
Die Kadenz in C-Dur auf dem Keyboard:

Auf der V. Stufe steht meist ein Septim-Akkord (V^7).

22 Auf welchen Stufen stehen die Hauptdreiklänge?

- ☐ I. Stufe
- ☐ II. Stufe
- ☐ III. Stufe
- ☐ IV. Stufe
- ☐ V. Stufe

23 Ergänze die fehlenden Akkorde der C-Dur Kadenz.

C	____	____	____
I	IV	V^7	I

Die Achteltriole

Eine Viertelnote läßt sich sowohl in zwei (♩ = ♫), als auch in drei (♩ = ♪♪♪ mit 3) gleiche Notenwerte teilen. Wird sie dreigeteilt, entsteht eine Achteltriole.

= Achteltriole = zusammen 1 (Viertel-) Schlag

Die Triole wird durch eine kleine schräggestellte *3* am Notenbalken gekennzeichnet.

Split, Split Point

Die Split Funktion teilt die Tastatur des Keyboards in zwei oder mehrere Bereiche auf. Jedem Bereich kann man eine Klangfarbe zuordnen. Der Split Point ist der Übergang von einem Bereich zum anderen. Dieser Trennungspunkt ist entweder frei wählbar oder bereits vorgegeben.

Bsp.:

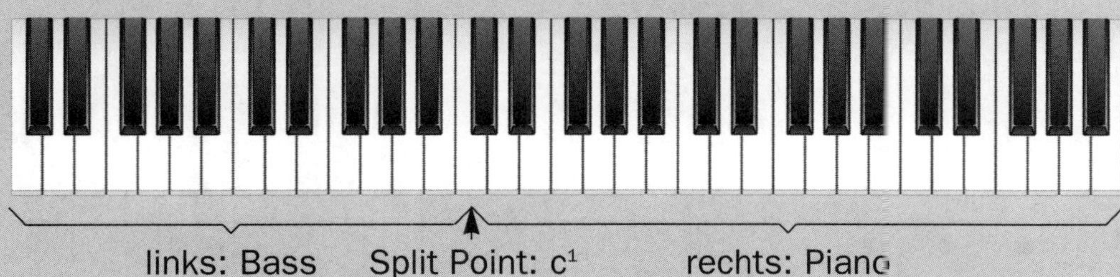

24 Ziehe einen Kreis um die Achteltriolen.

25 Wieviele Viertel-Schläge haben diese Notenwerte?

26 Was ist der Split Point?

☐ Treffpunkt ☐ Trennungspunkt ☐ Strich-Punkt

Die Wiederholungszeichen: *D.S. al Fine* und *D.C. al Fine*

D.S. al Fine = Dal Segno al Fine = Wiederhole vom Zeichen 𝄋 und spiele bis Fine (Ende)

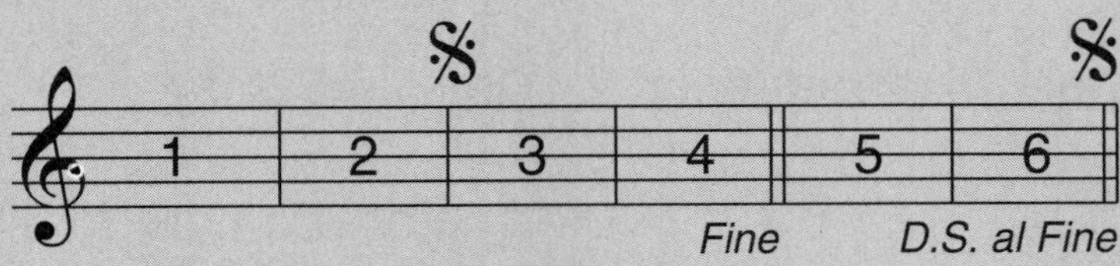

Spiele: 123456 34

D.C. al Fine = Da Capo al Fine = Wiederhole vom Anfang und spiele bis Fine (Ende)

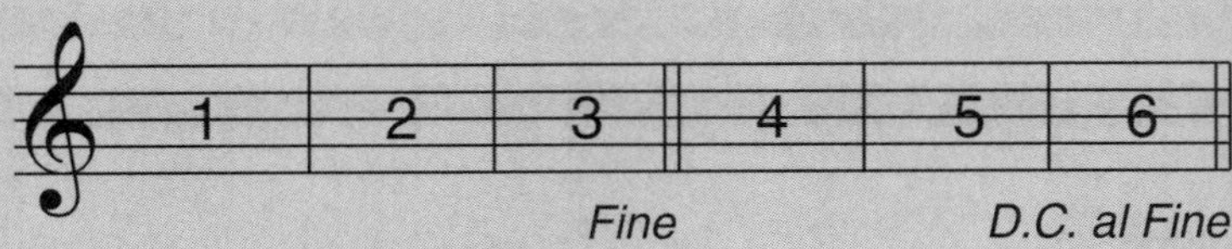

Spiele: 123456 123

Akkorde

A-Moll-Akkord **Am**

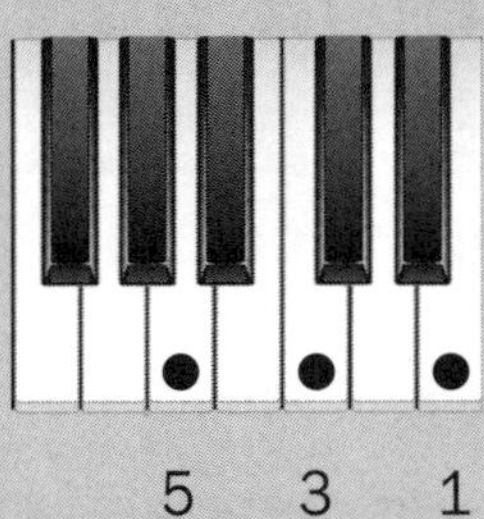

E⁷-Akkord **E⁷**

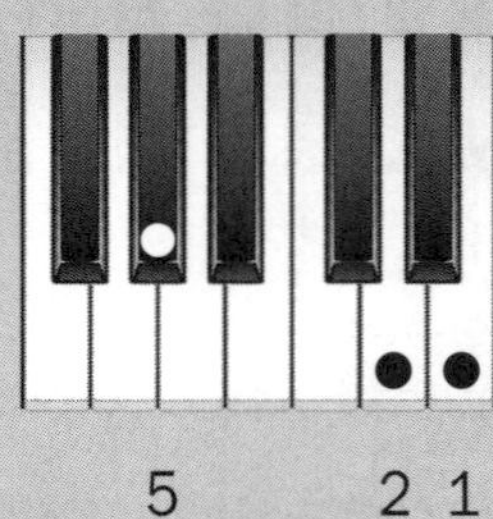

27 Trage die Reihenfolge ein, wie gespielt wird.

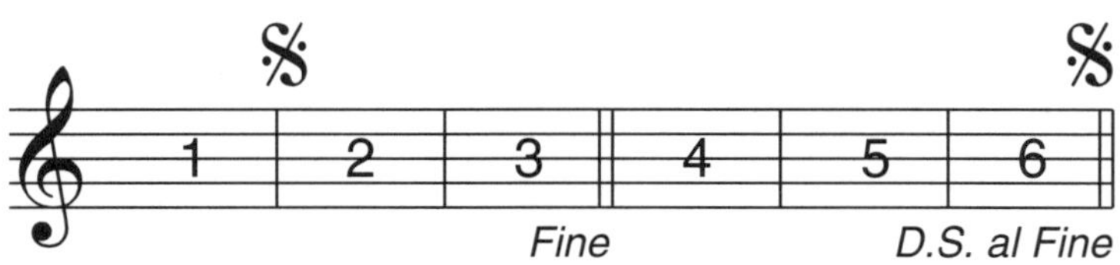

Reihenfolge:

_ _ _ _ _ _ _ _

28 Was bedeutet *D.C?*

☐ *Da Capo* ☐ Compact Disc ☐ Schnellzug

29 Ziehe einen Kreis um den:

Am-Akkord

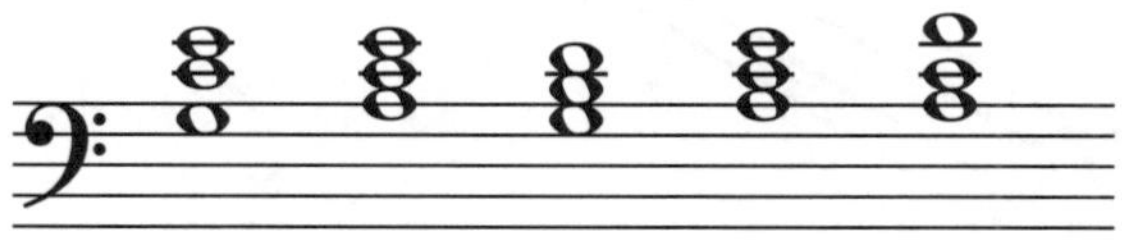

E⁷-Akkord

Zum Aufbau der Begleitautomatik

Spielt man mit der Begleitautomatik, erklingt ein ganzes Orchester. Das Orchester setzt sich meist zusammen aus:

- Schlagzeug
- Bass
- Akkordbegleitung
- melodischen und rhythmischen Einwürfen

Slow Rock-Rhythmus

ist ein Rhythmus im 4/4 Takt

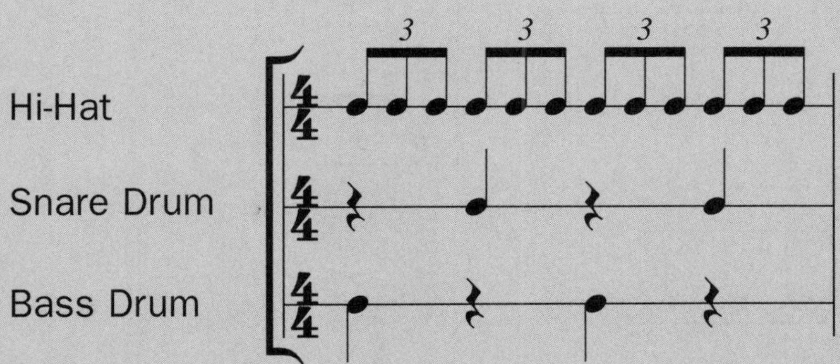

30 Was kennzeichnet den Slow Rock? Kreuze die 2 richtigen Antworten an.

☐ Walzer Rhythmus
☐ Achteltriolen in der Hi-Hat
☐ Rhythmus im 4/4 Takt

31 Was erklingt beim Spiel mit der Begleitautomatik? Kreuze die 4 richtigen Antworten an.

☐ Bass
☐ Applaus
☐ Sirene
☐ Akkordbegleitung
☐ Schlagzeug
☐ melodische und rhythmische Einwürfe

Wissenstraining 1

32 Ergänze Kreuz oder Auflösungszeichen.

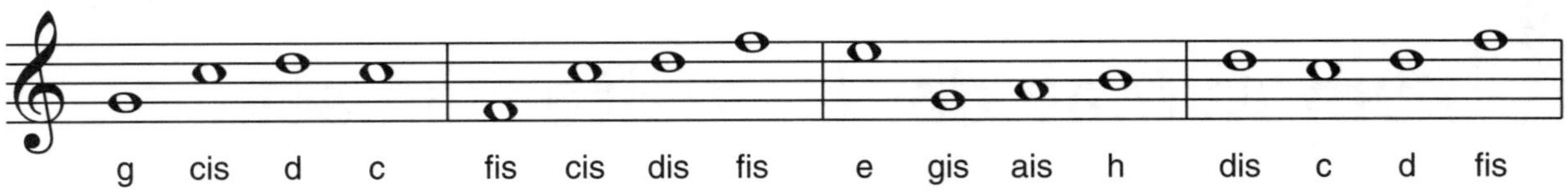

33 Finde die Wörter heraus.

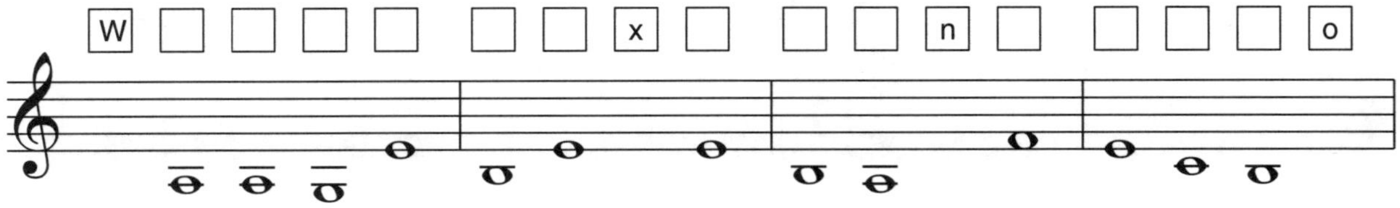

34 Verbinde die Kästchen mit gleichvielen Schlägen.

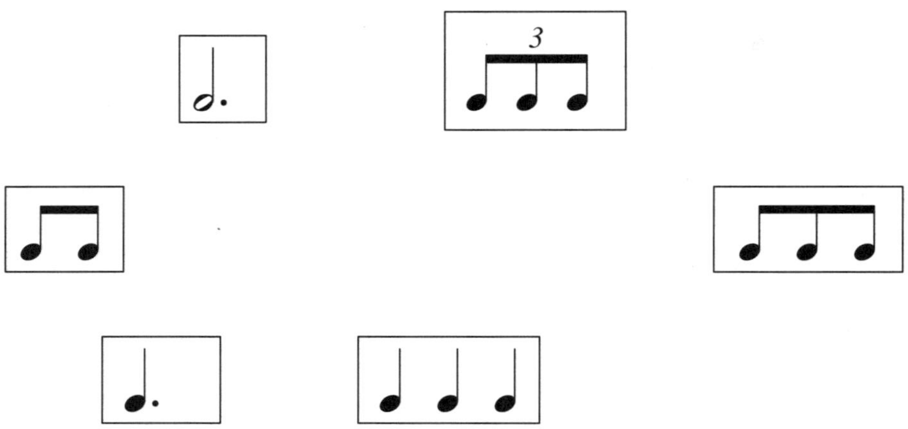

35 Ergänze die fehlenden Akkordtöne.

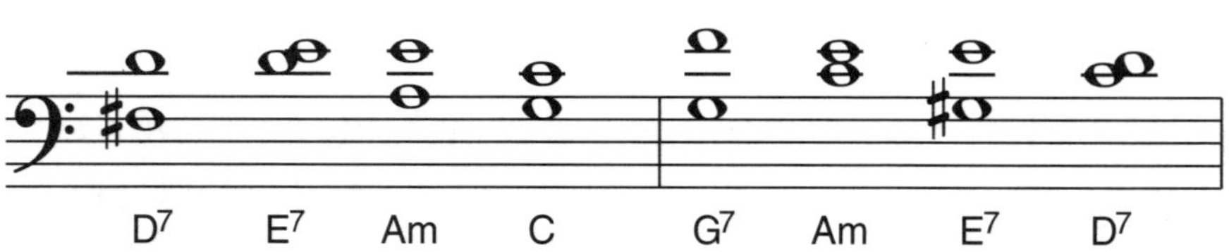

36 Schreibe dort die Tonnamen auf die Tasten, wo die Halbtonschritte der C-Dur-Tonleiter liegen.

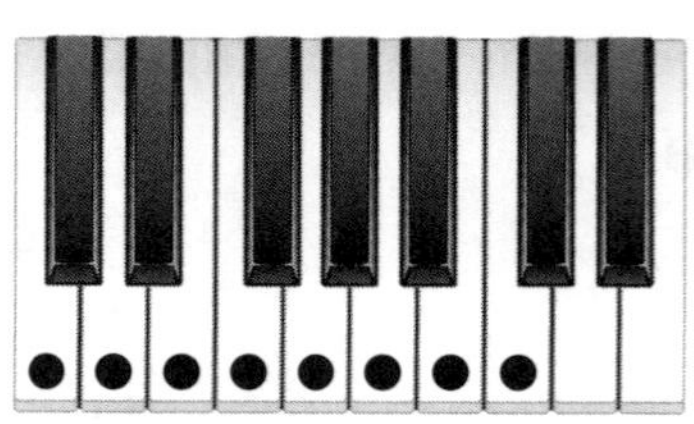

37 Was bedeutet Fill-in? Kreuze an.

- ☐ Partyüberraschung
- ☐ Füllfederhalter
- ☐ Rhythmischer Einwurf

38 Schreibe als halbe Noten.

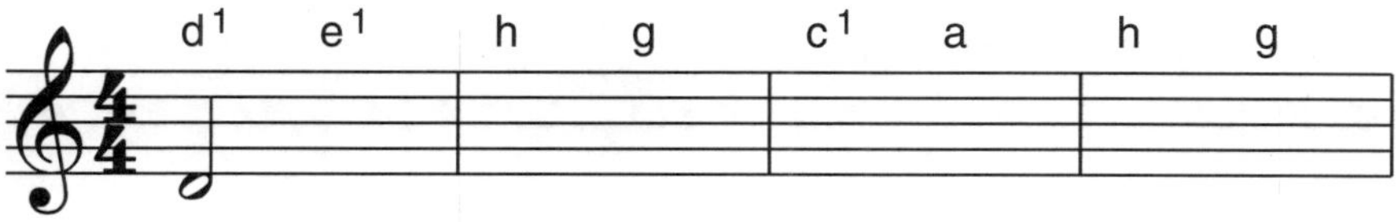

39 Schreibe unter jeden Takt die Zählzeiten. Zähle in Viertelnoten.

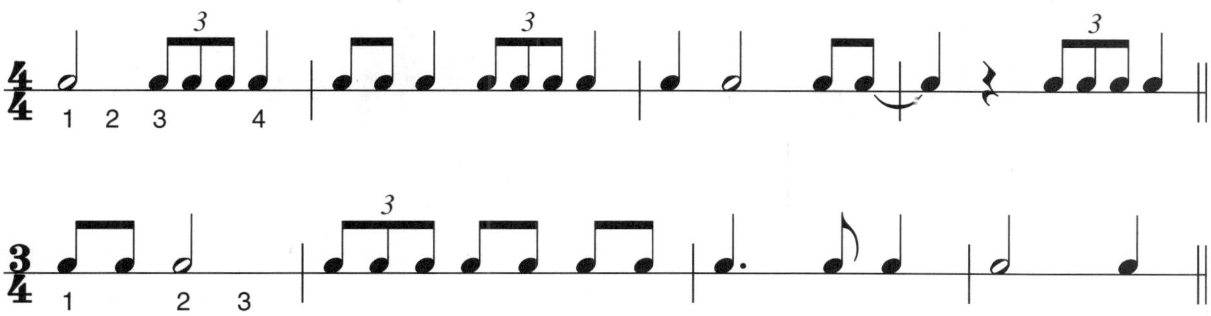

40 Trage die fehlenden Punkte ein und schreibe die Tastennamen dazu.

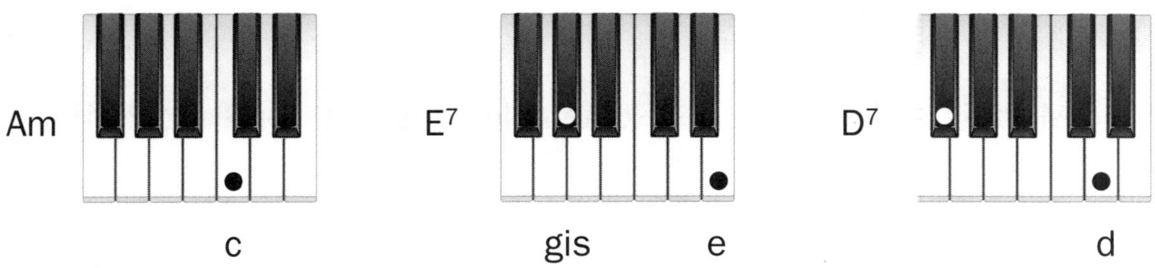

41 Setze die Notenreihe fort.

42 Trage Ganzton- (GT) oder Halbtonschritt (HT) ein.

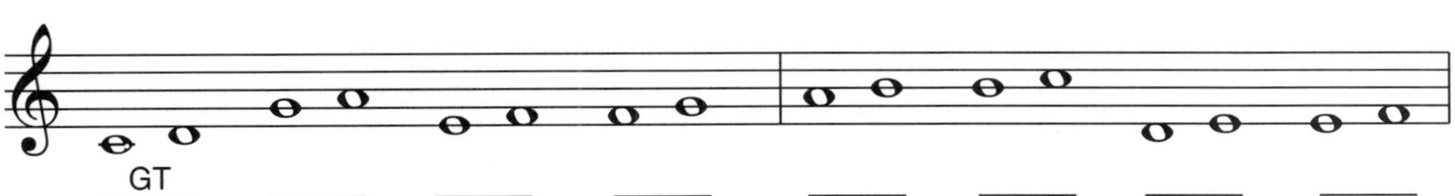

43 Setze die Notenreihe fort.

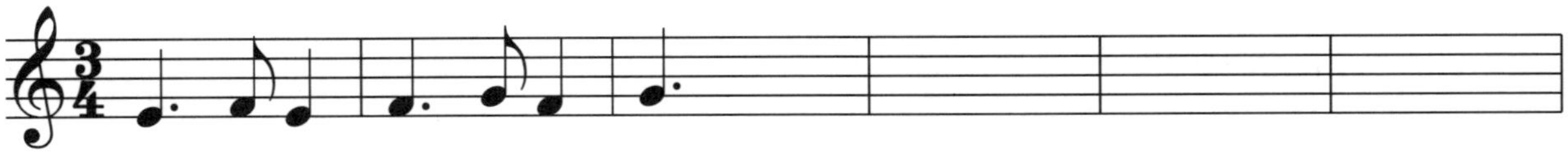

44 Schreibe Viertel-Grundschläge unter die Takte.

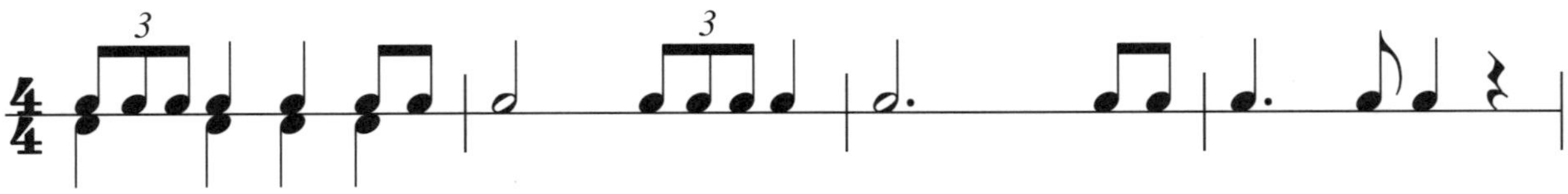

45 Verbinde die gleichen Akkorde.

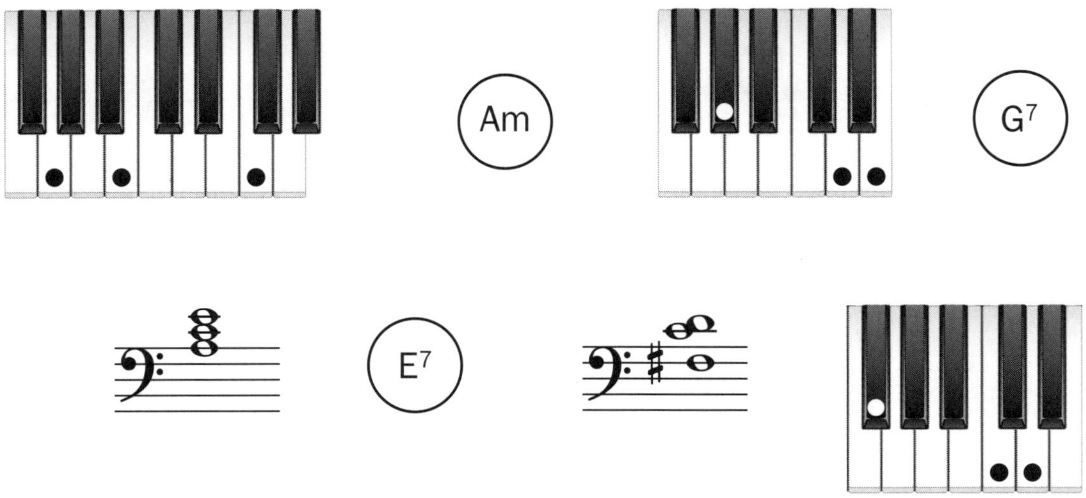

46 Die Melodie soll in folgender Reihenfolge gespielt werden: 123456789 2345. Trage das Zeichen 𝄋 und *„Fine"* ein.

47 Bilde die Hauptdreiklänge Tonika, Subdominante und Dominante von C-Dur.

Stufen: I. II. III. IV. V. VI. VII.

48 Finde die Wörter heraus.

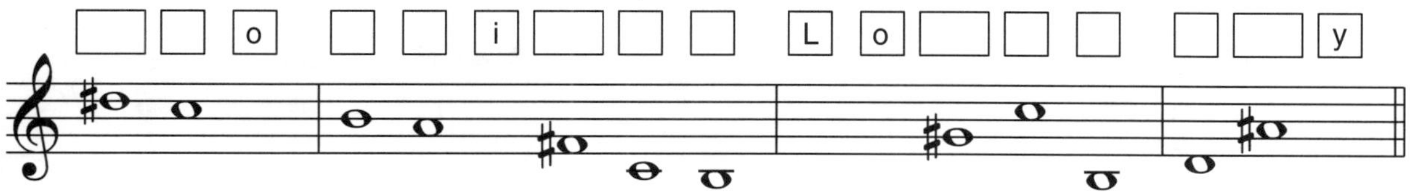

49 Wird die Note auf einer weißen oder schwarzen Taste gespielt? Male für die schwarzen Tasten die Kästchen aus.

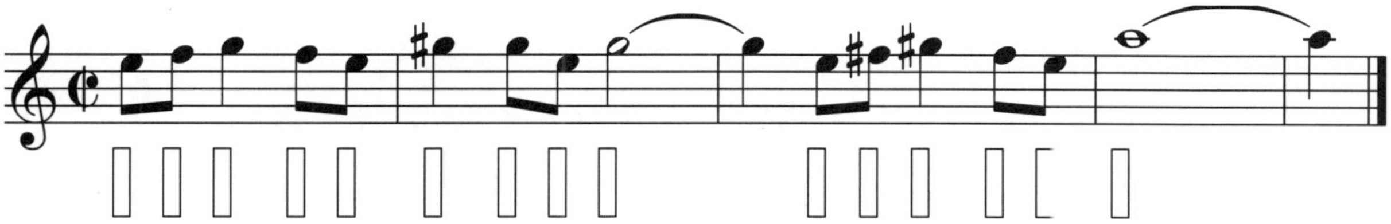

50 Fülle die Takte mit Achteltriolen, Viertel und Halben Noten.

51 Ziehe einen Kreis um den Ton, der dem Akkord seinen Namen gibt.

Am

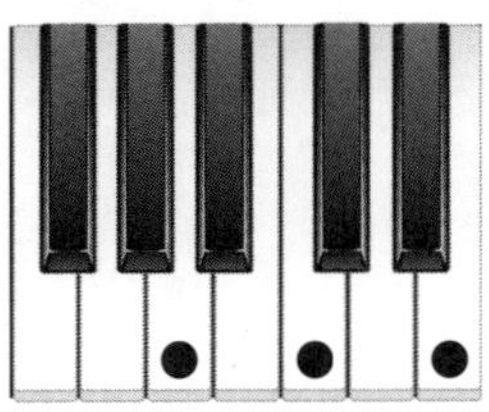

D7

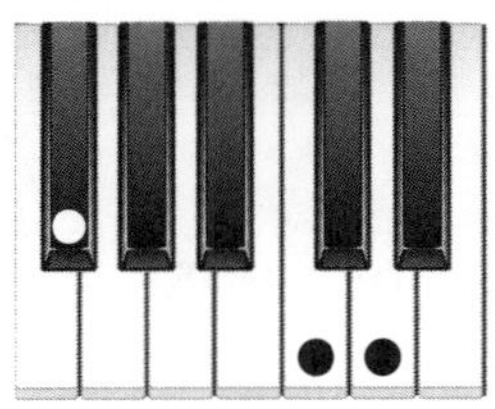

E7

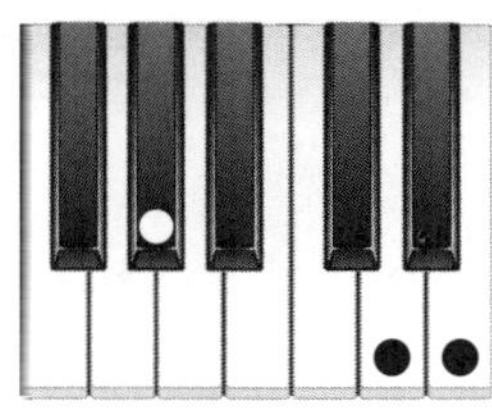

52 Trage den Fingersatz ein.

53 Hier sind die Tonnamen als Terzenreihe von unten nach oben angeordnet: **c e g h d f a c.** Nimm diese Terzenreihe zu Hilfe und ziehe einen Kreis um alle Dreiklänge.

c e g	e f g	f g h	d f a
g h d	a h c	f a c	g a c

54 Welchen Split Point wählt man für dieses Musikstück? Kreuze an.

- ☐ c¹
- ☐ e¹
- ☐ fis¹
- ☐ f

55 Ergänze Viertelpausen, halbe Pausen oder ganze Pausen.

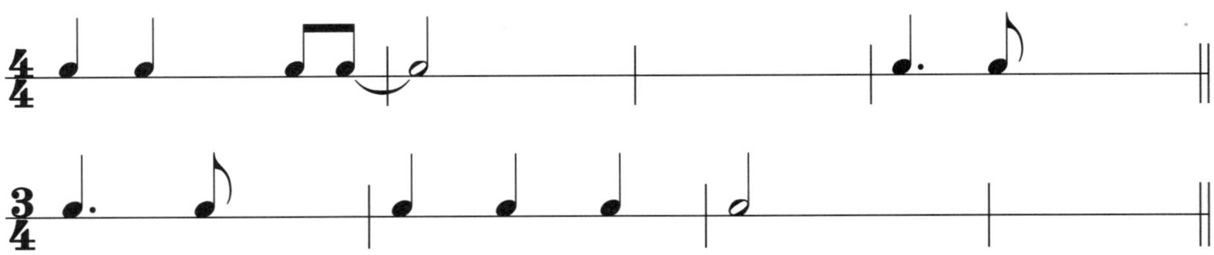

56 Trage Legatobogen (L) oder Haltebogen (H) in die Kästchen ein.

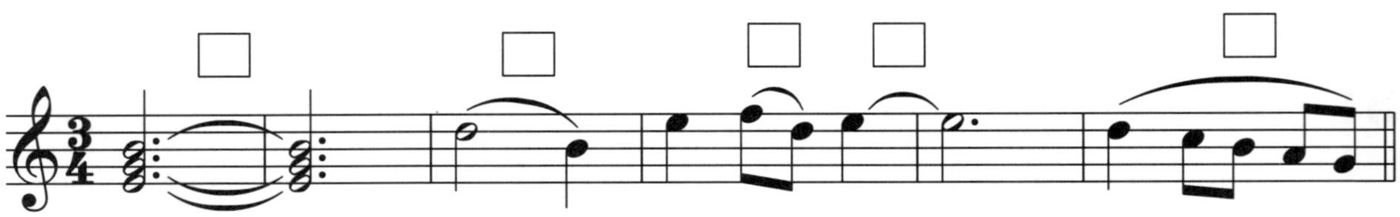

57 Schreibe die Wörter als Noten auf.

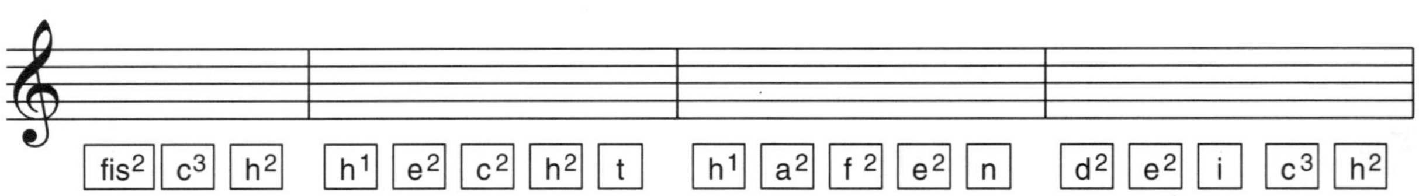

58 Schreibe die richtigen Akkorde über die Melodie.

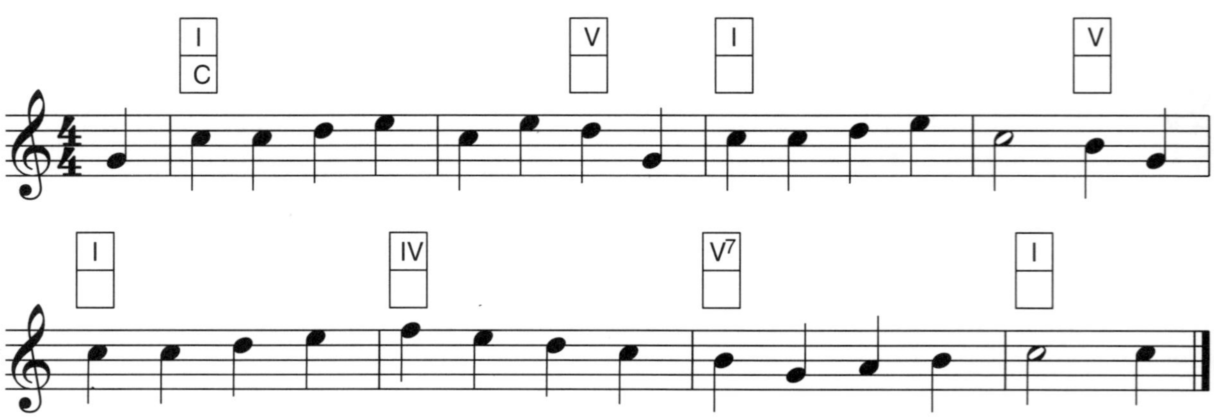

59 Was kennzeichnet den Slow Rock? Kreuze die 2 richtigen Antworten an.

- ☐ Walzerrhythmus
- ☐ Achteltriolen in der Hi-Hat
- ☐ Rhythmus im 4/4-Takt

60 In dieser Melodie kommt eine Tonleiter vor. Trage den richtigen Fingersatz ein.

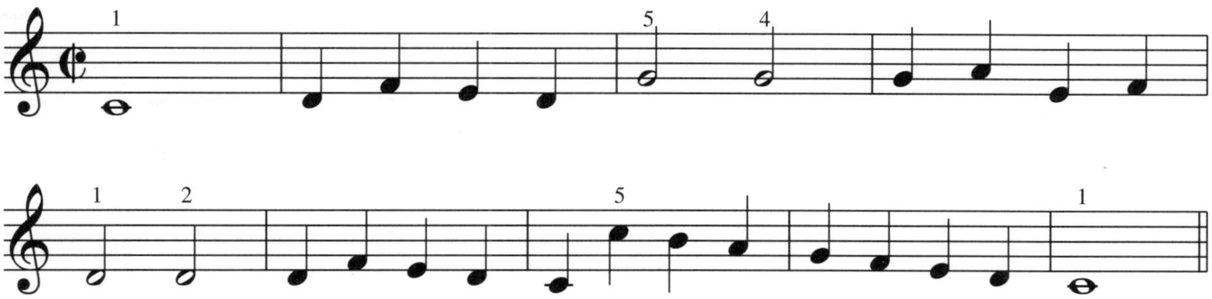

61 Streiche die falschen Takte durch.

62 Trage die Notenhälse ein.

63 Trage ein, in welcher Reihenfolge die Takte gespielt werden.

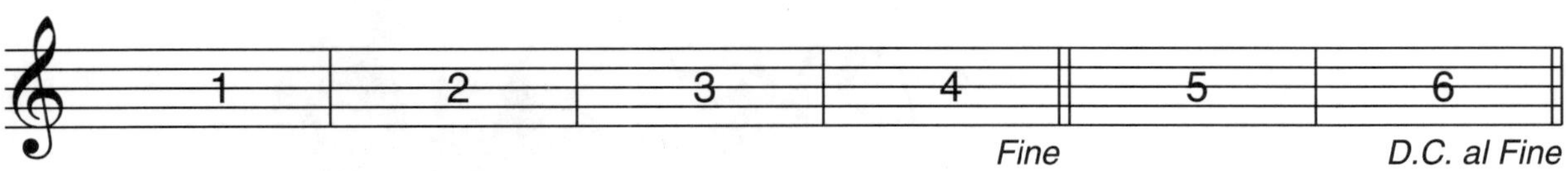

Reihenfolge: __ __ __ __ __ __ __ __ __ __

64 Schreibe die Noten.

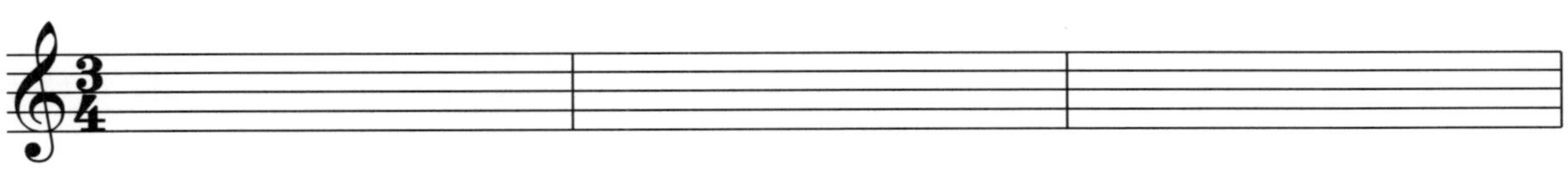

g g1 g2 a a1 a2 h h1 h2

65 Welcher Akkord paßt nicht zu der Melodie in C-Dur? Streiche ihn durch.

66 Ziehe Kreise um alle Dreiklänge in der Melodie.

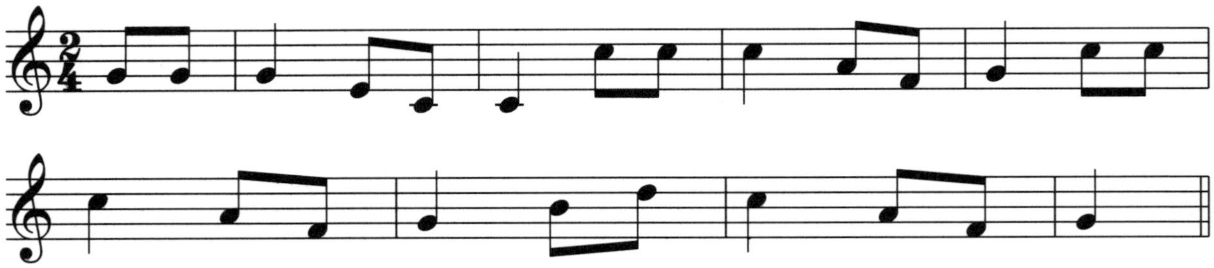

67 Auf dieser Seite sind acht Fehler versteckt. Suche sie und streiche sie durch. Die Buchstaben der richtigen Abbildungen ergeben den Namen eines Musikinstrumentes.

1 K

Staccato

3 G

c1

7 N
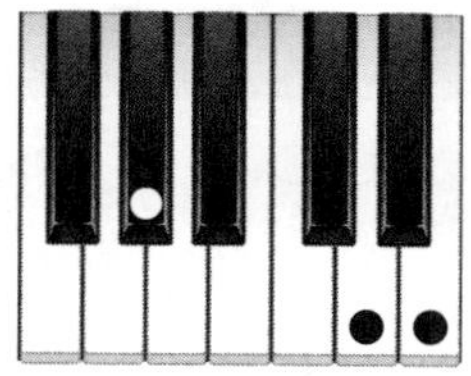
D7-Akkord

2 F
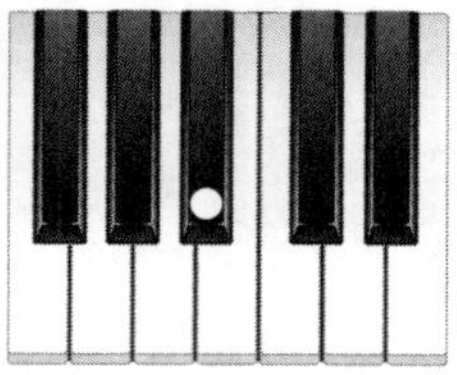
dis

7 R

Ganzton

8 P
♯
Auflösungszeichen

3 Y

g

6 M

Viertelnoten

6 A

Am-Akkord

1 C

Hauptdreiklänge

5 O

Achteltriole

2 E
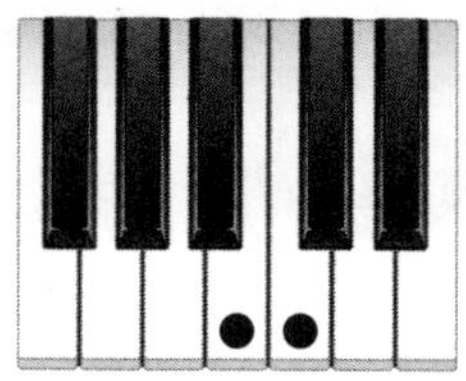
Halbton

8 D
♮
Auflösungszeichen

5 L

Baßschlüssel

4 H

g

4 B
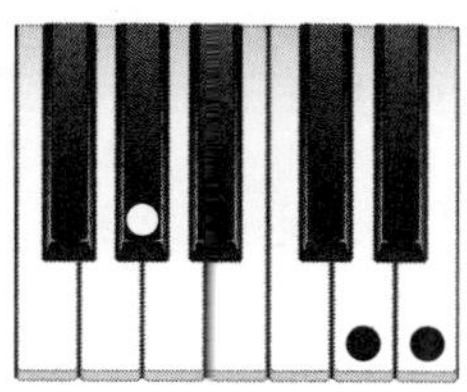
E7-Akkord

Lösungswort: __ __ __ __ __ __ __ __

1 2 3 4 5 6 7 8

Teil 2

Intervalle 1

Der Abstand zwischen zwei Tönen wird *Intervall* genannt. Zur Bestimmung eines Intervalls zählt man vom unteren Ton eines Intervalls die Tonstufen bis zum oberen Ton. Dabei werden die einzelnen Stufen einer Tonleiter mit den lateinischen Ordnungszahlen Prime, Sekunde, Terz usw. bezeichnet.

Prime wird die Wiederholung auf gleicher Tonhöhe genannt.

Sekunde bezeichnet den Abstand zur zweiten Stufe.

Terz bezeichnet den Abstand zur dritten Stufe.

Quarte bezeichnet den Abstand zur vierten Stufe.

68 Wie heißt das Intervall?

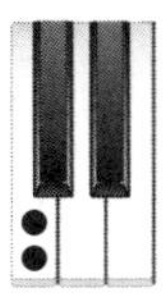
Prime

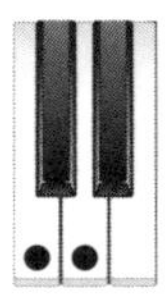
____

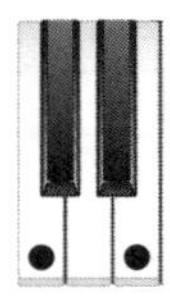
____

____

69 Schreibe folgende Intervalle von c¹ aufwärts.

Sekunde

Terz

Prime

Quarte

70 Verbinde:

Prime

Sekunde

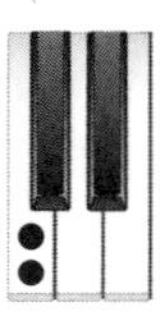

Terz

Quarte

Instrumentengruppen auf dem Keyboard

Die Vielzahl der Instrumente (Sounds, Voices) sind auf dem Keyboard aufgelistet und übersichtlich zu Instrumentengruppen zusammengefaßt.
Die einzelnen Instrumentengruppen haben folgende Bedeutung:

Piano	Tasteninstrumente, wie z.B. Klavier, E-Piano
Organ	Tasteninstrumente, wie z.B. E-Orgel, Akkordeon
Mallets	Stabspiele (Glockenspiel, Vibraphon ...)
Guitar	Gitarren (akustische Gitarre, elektrische Gitarre ...)
Bass	Baßinstrumente (E-Baß, Kontrabaß ...)
Strings	Streichinstrumente (Violine, Cello ...)
Brass	Blechblasinstrumente (Trompete, Posaune ...)
Reed	Holzblasinstrumente (Klarinette, Oboe ...)
Pipe	Flöten (Querflöte, Blockflöte ...)
Synthie Lead/Pad	künstlich erzeugte Klänge (Crystal, Choir ...)
Ensemble	Instrumentalgruppen (Streicher, Bläsergruppe ...)

71 Ergänze:

Piano = Tasteninstrumente
Reed = ______________________
Pipe = ______________________
Brass = ______________________
Synthie Lead/Pad = ______________________

G-Dur

G-Dur hat ein Kreuz (♯) als Vorzeichen.

Das Vorzeichen steht am Anfang des Stücks und macht aus allen „f" ein „fis".

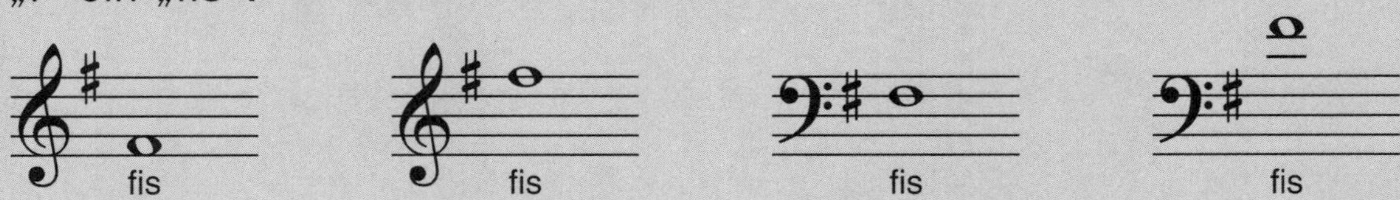

Die Kadenz in G-Dur:

72 Wie heißen die Noten?

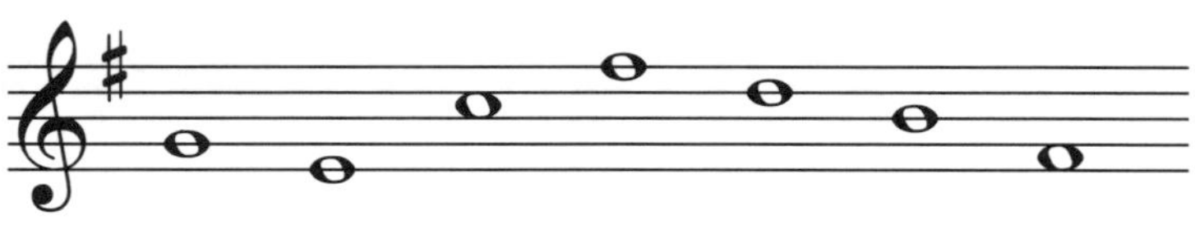

73 Kreuze an:

☐ Der Leiton von G-Dur ist „fis".
☐ In G-Dur werden alle „c" zu „cis".
☐ In G-Dur spielt man nur auf schwarzen Tasten.
☐ G-Dur hat ein ♯ als Vorzeichen.

74 Ergänze die fehlenden Akkorde der Kadenz in G-Dur:

G	___	___	___
I	IV	V^7	I

Die Oktavierungszeichen

8- - - - - - - - ┐ oder 𝄞 (mit 8 darüber) bedeutet:
Spiele 8 Töne höher als notiert

8b - - - - - - - - ┘ oder 𝄢 (mit 8 darunter) bedeutet:
Spiele 8 Töne tiefer als notiert

Neue Töne

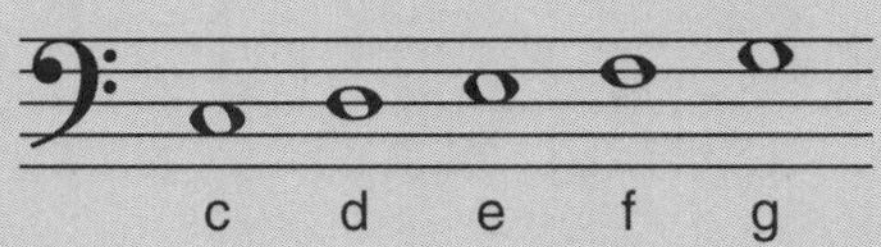

75 Was bedeutet 8- - - - - - - - ┐ ? Kreuze an.

- ☐ Oktavierungszeichen
- ☐ Achteckige Noten
- ☐ Spiele in Achteln

76 Wie heißen die Noten?

___ ___ ___ ___ ___ ___

77 Schreibe als ganze Noten.

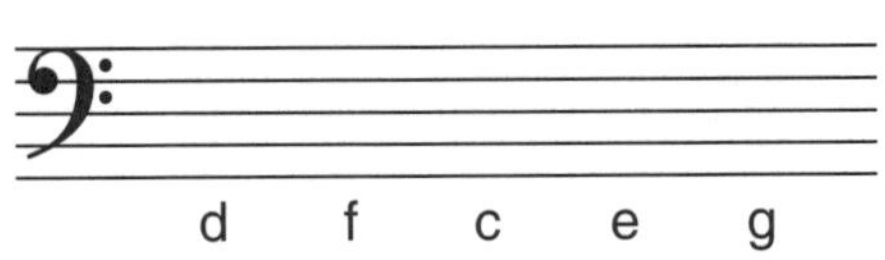

Sechzehntelnote und Sechzehntelpause

 Sechzehntelnote

 Sechzehntelpause

4 Sechzehntelnoten
= zusammen 1 (Viertel-) Schlag

 einzeln mit 2 Fähnchen,

 zu mehreren mit 2 Balken

16-Beat-Rhythmus

ist ein Rhythmus im 4/4-Takt

Hi-Hat
Snare Drum
Bass Drum

78 Ziehe Kreise um die Sechzehntelnoten und Sechzehntelpausen.

79 Schreibe wie gezählt wird.

1 - e __ __ __ __ __ __ __ __

80 Verbinde:

16-Beat

Hi-Hat 

Hi-Hat 

Slow Rock

Hi-Hat 

8-Beat

Versetzungszeichen: Das „Be“ (♭)

Das „Be“ (♭) vor einer Note erniedrigt diese um einen Halbton (nächste Taste links). Dem Notennamen wird die Endung „es“ angehängt (c = ces, d = des), Ausnahme: e = es, a = as und h = b.

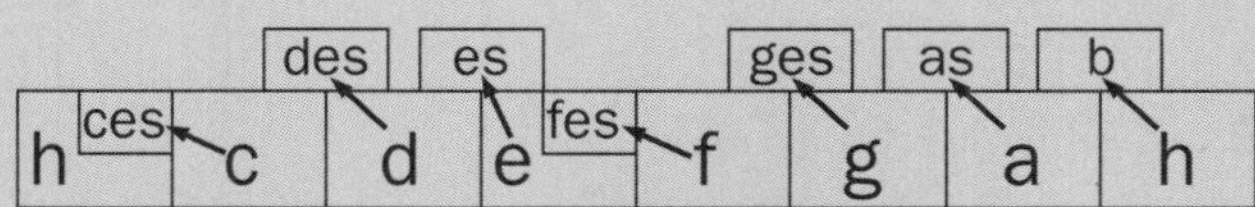

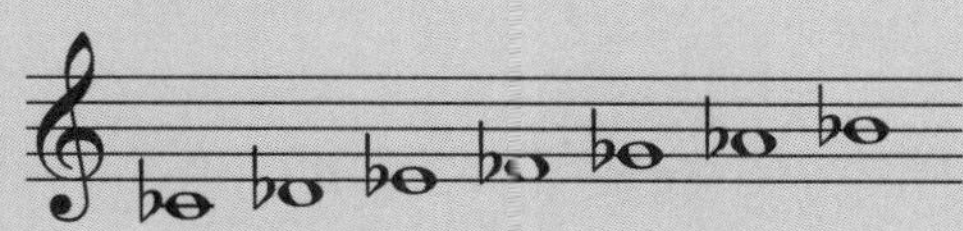

81 Schreibe je viermal das Versetzungszeichen „♭“.

82 Schreibe vor jede Note ein „♭“.

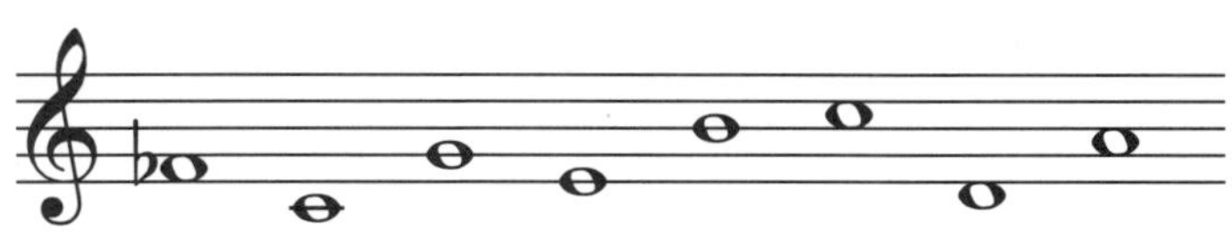

83 Wie heißen die Noten?

84 Streiche die falschen Notennamen durch.

ees as hes

aes b es

Große und kleine Terz

große Terz

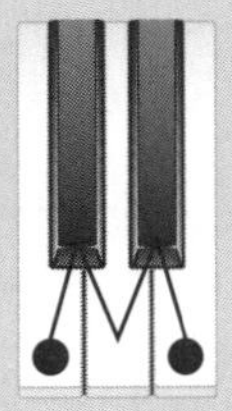

beziehungs-
weise

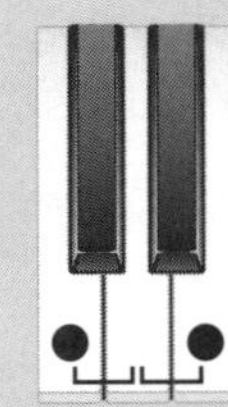

4 Halbtonschritte — 2 Ganztonschritte

kleine Terz

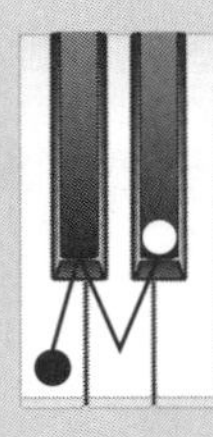

beziehungs-
weise

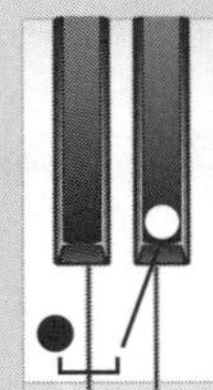

3 Halbtonschritte — 1 1/2 Ganztonschritte

85 Trage große Terz (gr.) und kleine Terz (kl.) ein.

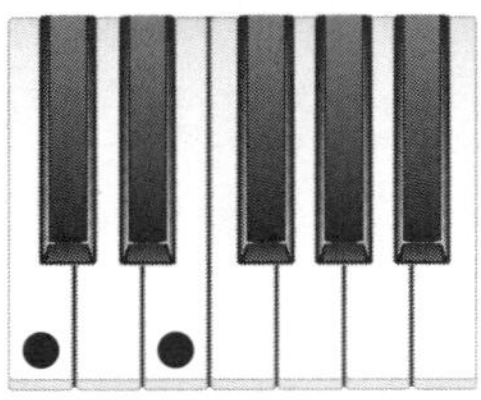

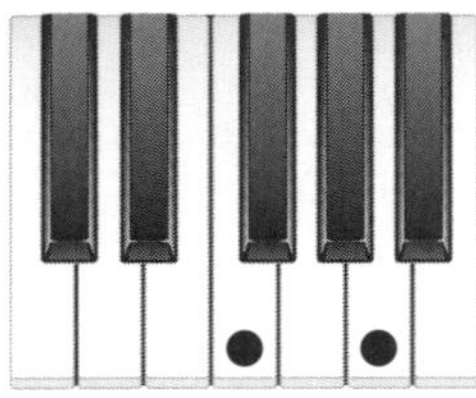

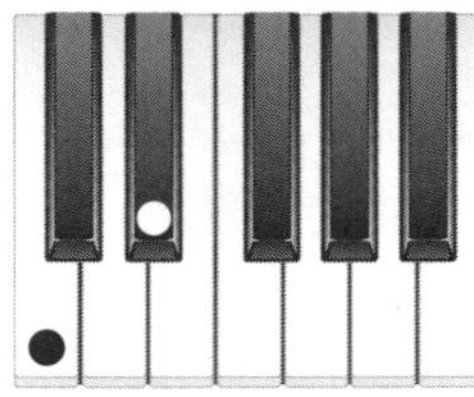

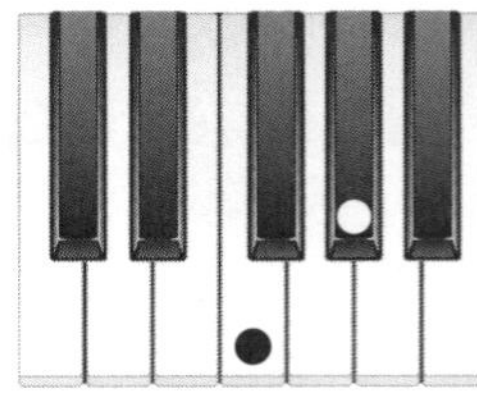

86 Wieviele Halbtonschritte hat die große Terz?

☐ 2 ☐ 3 ☐ 4

87 Wieviele Halbtonschritte hat die kleine Terz?

☐ 2 ☐ 3 ☐ 4

88 Verbinde Noten- und Tastenbild und bestimme das Intervall.

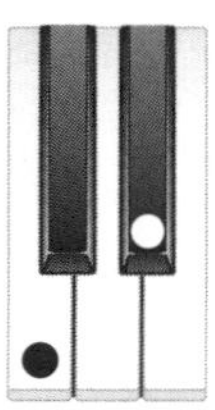

Die Umkehrungen des Dreiklangs

Die Reihenfolge der Dreiklangstöne kann umgekehrt werden.
Dabei wird jeweils der unterste Ton eines Dreiklangs um eine Oktave höher gesetzt.

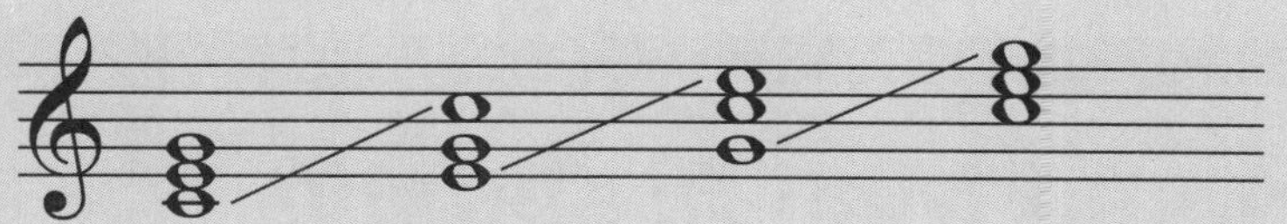

Der Dreiklang kommt in drei verschiedenen Umkehrungen vor:
Grundstellung, 1. Umkehrung und 2. Umkehrung.

Grundstellung

1. Umkehrung

2. Umkehrung

Dual Voice

Mit dieser Funktion kann man zwei Instrumente (Klangfarben) miteinander mischen, so daß sie gleichzeitig erklingen, z.B. Piano und Strings.

89 Verbinde:

1. Umkehrung

Grundstellung

2. Umkehrung

90 Trage den Akkord in Grundstellung in die Tasten ein.

G-Dur-Akkord

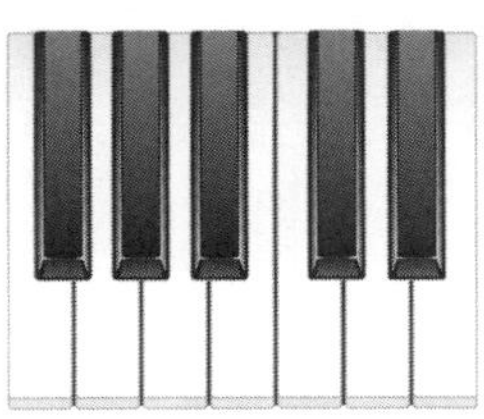

Grundstellung

F-Dur-Akkord

Grundstellung

C-Dur-Akkord

Grundstellung

91 Was bedeutet Dual Voice? Kreuze an.

- ☐ Zwei Instrumente erklingen gleichzeitig
- ☐ Stereoeffekt
- ☐ Zweisitzer

Dur- und Moll-Dreiklang

Dur-Dreiklang

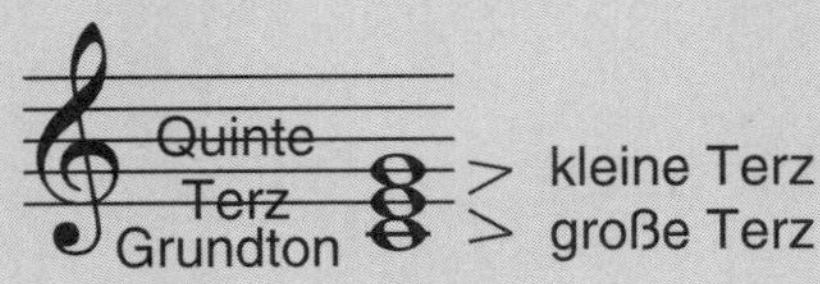

C-Dur

Moll-Dreiklang

C-Moll

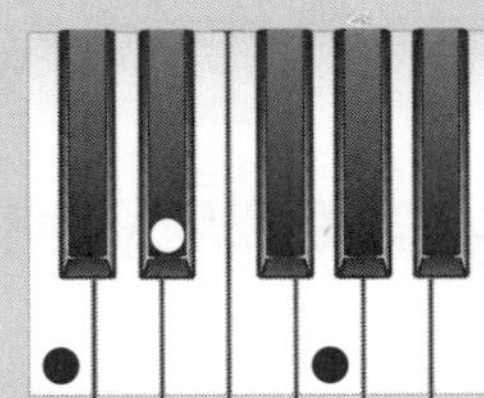

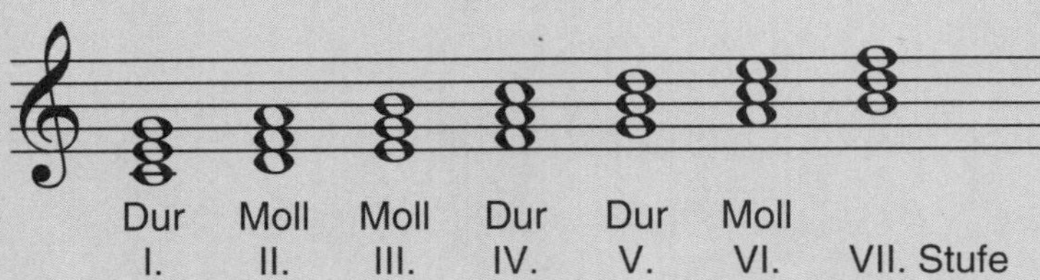

Die Fermate 𝄐

Die Fermate 𝄐 ist ein Haltezeichen.
Steht dieses Zeichen über oder unter einer Note, wird dieser Ton länger als sein eigentlicher Notenwert ausgehalten.

92 Ziehe Kreise um die Dur-Dreiklänge.

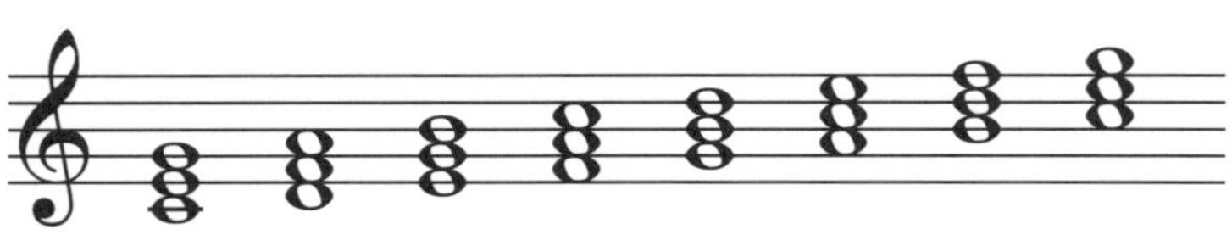

93 Bilde aus dem Dur-Dreiklang einen Moll-Dreiklang.

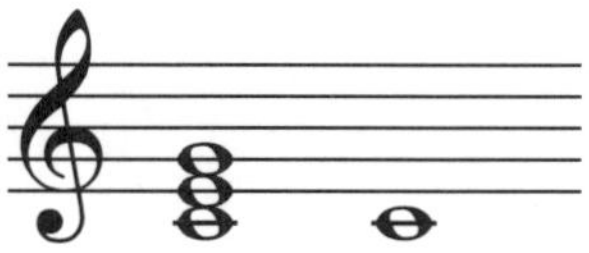

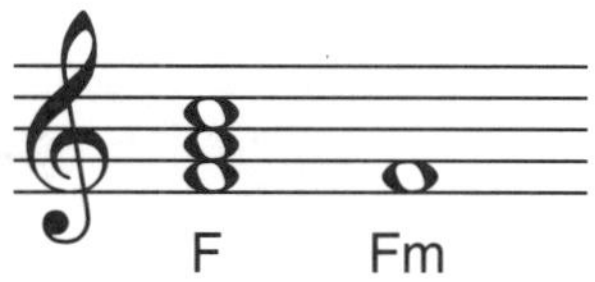

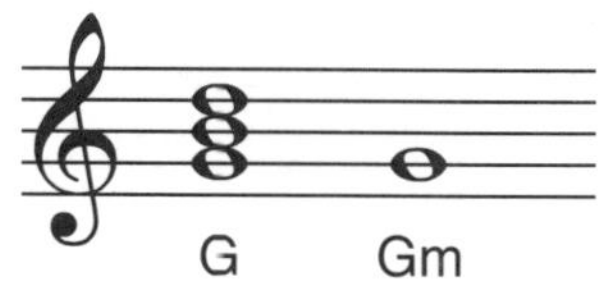

94 Was bedeutet Fermate?

☐ Haltezeichen ☐ Tomate ☐ Tunnel

Die Tempobezeichnungen

	Italienische Bezeichnungen		Englische Bezeichnungen	
Langsames Tempo	**Largo** ♩ ca. 40-60	breit	**slow** ♩ ca. 40-80	langsam
	Adagio ♩ ca. 60-80	langsam		
Mittleres Tempo	**Andante** ♩ ca. 80-100	gehend, etwas langsam	**medium** ♩ ca. 80-120	mäßig bewegt
	Moderato ♩ ca. 100-120	mäßig bewegt		
Schnelles Tempo	**Allegro** ♩ ca. 120-160	schnell, heiter	**fast** ♩ ca. 120-160	schnell
	Presto ♩ ca. 160-200	sehr schnell		

Harmony

Mit dieser Funktion erklingen einstimmig gespielte Melodien automatisch mehrstimmig (duet = zweistimmig, trio = dreistimmig).
Die Mehrstimmigkeit funktioniert nur dann, wenn die Begleitautomatik eingeschaltet ist und Akkorde gespielt werden.

95 Verbinde:

Largo   gehend   Allegro   breit

schnell   sehr schnell   Presto   Andante

96 Was bedeuten die englischen Tempobezeichnungen?

medium ____________________

fast ____________________

slow ____________________

97 Welche Taste drückt man, um automatisch mehrstimmig spielen zu können?

- ☐ Harmony
- ☐ Fill-in
- ☐ Demo

Die punktierte Achtelnote

Punktierte Achtelnote = drei Sechzehntelschläge

1 - e - un -

Punktierte Achtel mit Sechzehntel

1 - e - un - de

Swing-Rhythmus

ist ein Rhythmus im 4/4-Takt

Becken

Hi-Hat

Bass Drum

98 Wieviele Sechzehntelschläge haben diese Noten?

 =

 =

 =

 =

99 Kreuze die richtige Zählweise an.

☐ 

1 2 3 4 5 6 7 8

☐ 

1 2 3 4 5 6

☐ 

1 - e - un - de 2 3-e-un-de 4

100 Schreibe fünfmal die punktierte Achtel mit Sechzehntel.

101 Schreibe den Swing-Rhythmus.

Becken

Hi-Hat

Bass Drum

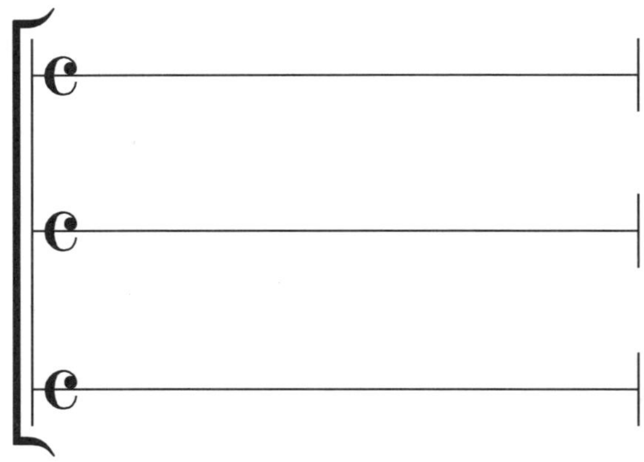

Wissenstraining 2

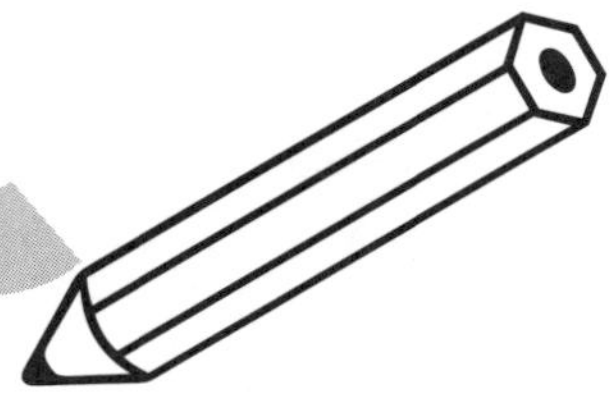

102 Ergänze Be (♭) oder Auflösungszeichen (♮).

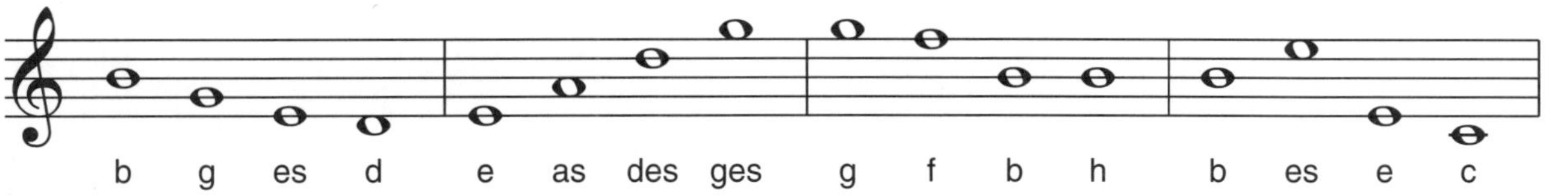

103 Trage ein, wo bei der G-Dur-Tonleiter die Halbtonschritte liegen (Λ).

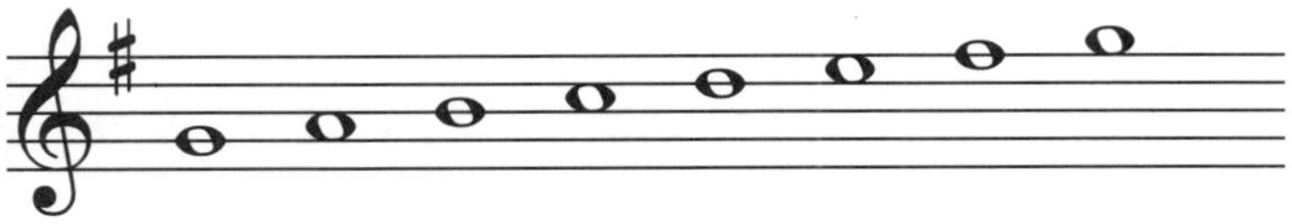

104 Ziehe Kreise um alle Rhythmusgruppen, die die Dauer eines Viertel-Grundschlages haben.

105 Bestimme die Intervalle in der Melodie.

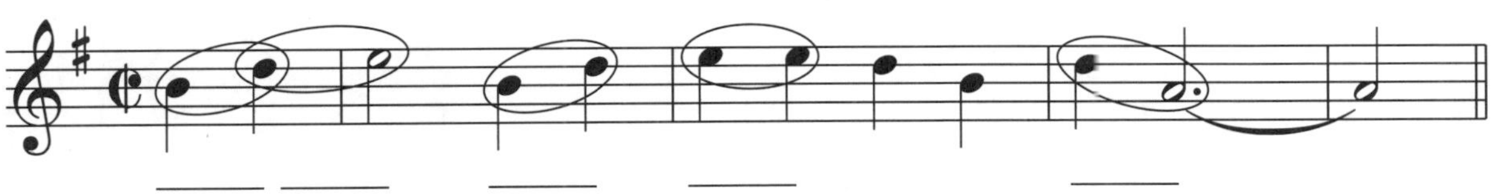

106 Ziehe Kreise um alle Terzen in der Melodie.

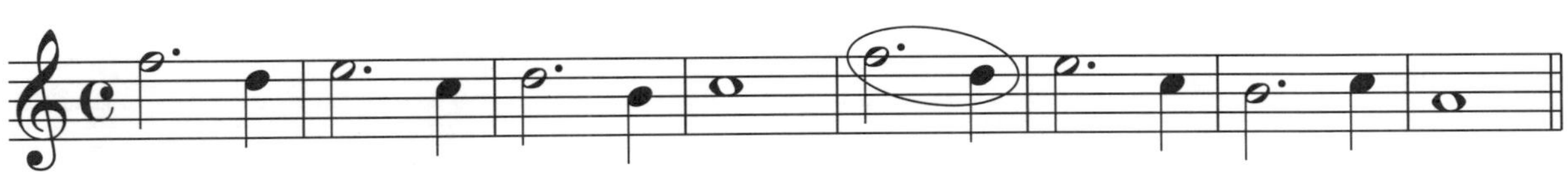

107 Ordne folgende Tempobezeichnungen in die Reihe von langsam bis schnell ein:

Allegro, Presto, Adagio.

langsam

① Largo
②
③ Andante
④ Moderato
⑤
⑥

schnell

108 Fülle die Takte mit Achtel- und Sechzehntelnoten.

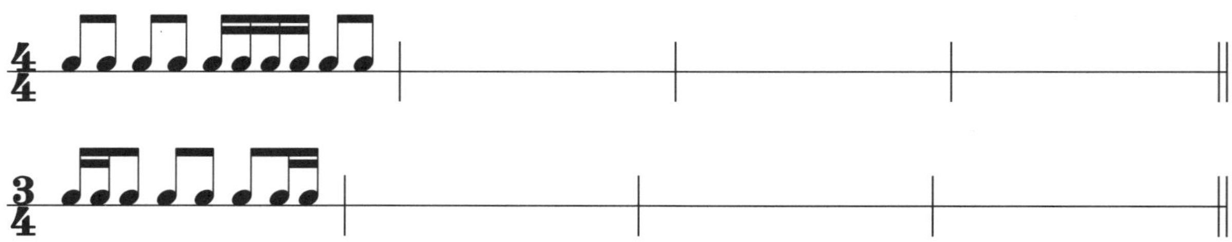

109 Schreibe den Fingersatz über die Noten.

110 Ziehe Kreise um alle Quarten in der Melodie.

111 Bilde aus allen kleinen Terzen große Terzen.

112 Bestimme die Intervalle zwischen den Akkordtönen.

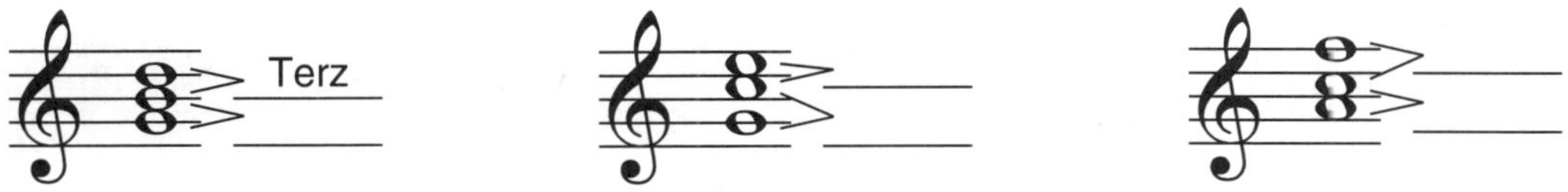

113 Verbinde die Instrumentengruppen mit ihren englischen Bezeichnungen.

Strings — Holzblasinstrumente — Pipe

Reed — Flöten — Mallets

Streichinstrumente — Stabspiele

Brass — Blechblasinstrumente

114 Schreibe die Wörter als Noten.

g e h w e g   e c h s e   e l e f a n t   a h a

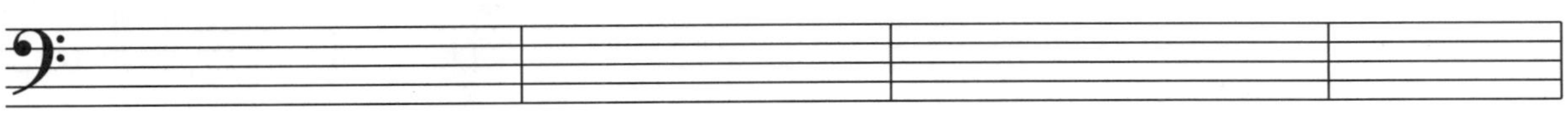

115 Bestimme die Tonart der Melodie.

_____ -Dur

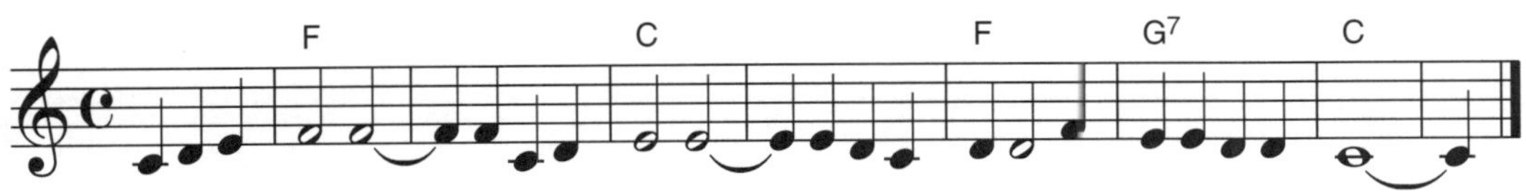

_____ -Dur

116 Zähle die Notenwerte jeder Zeile zusammen.

= _____ Viertel-Grundschläge

= _____ Viertel-Grundschläge

117 Setze die Notenreihe fort.

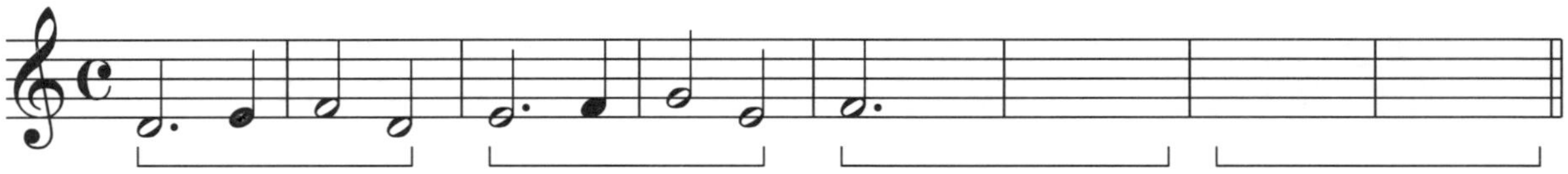

118 In welcher Umkehrung steht der Akkord?
Trage Grundstellung, 1. oder 2. Umkehrung ein.

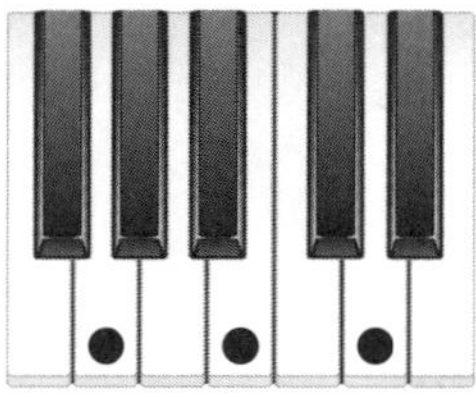
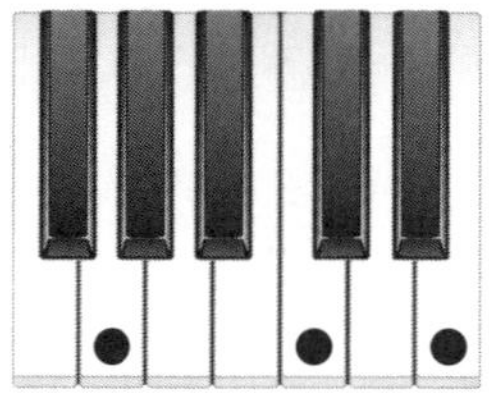
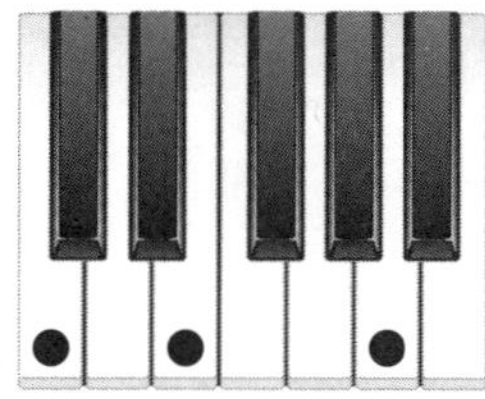

______________ ______________ ______________

119 Schreibe eine Fermate über den letzten Ton der gespielt wird.

120 Schreibe als Viertelnoten.

c^1 a c d f e f g

121 Ergänze Kreuz, Be oder Auflösungszeichen.

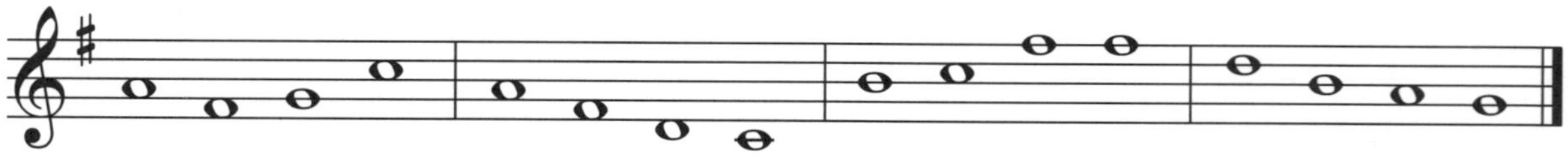

a fis gis c as f d cis b c fis f dis h ais g

122 Welcher Akkord gehört nicht zu der Kadenz in G-Dur? Streiche ihn durch.

G F D^7 G C

123 Ziehe Kreise um alle kleinen Terzen. Man erkennt sie daran, daß sie nur drei Halbtonschritte haben.

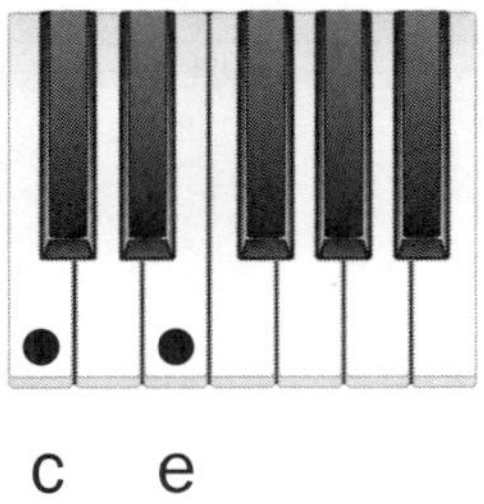

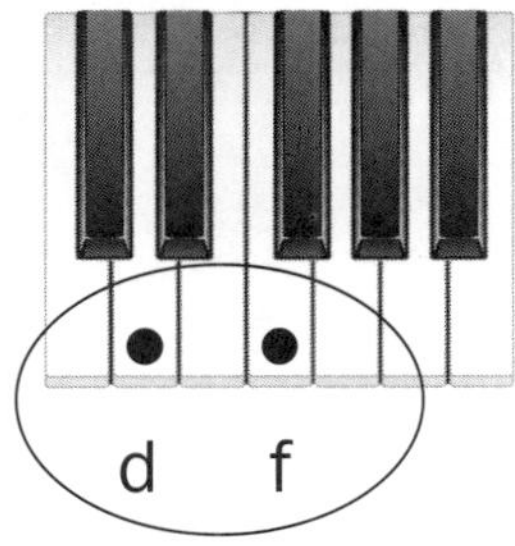

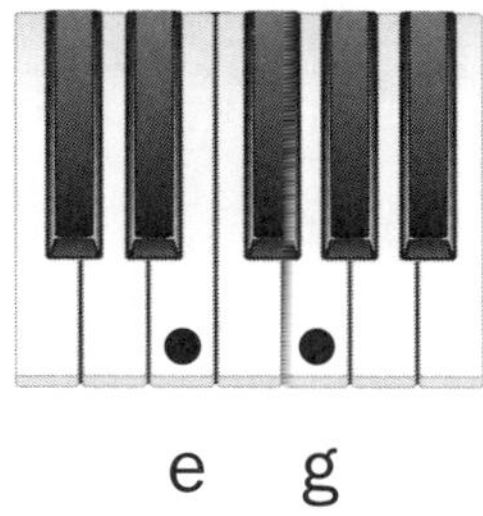

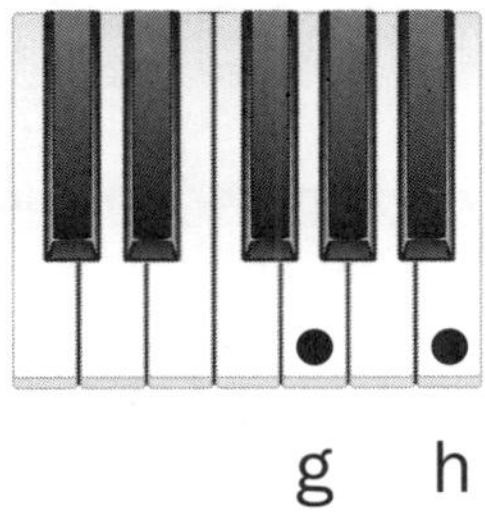

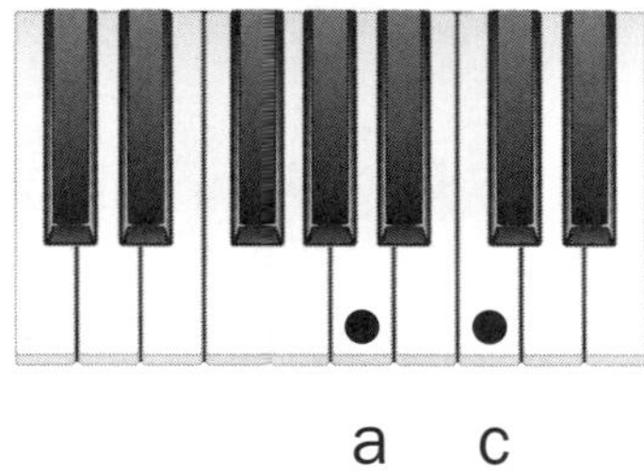

124 In welchem Oktavbereich werden folgende Töne gespielt? Kreuze an.

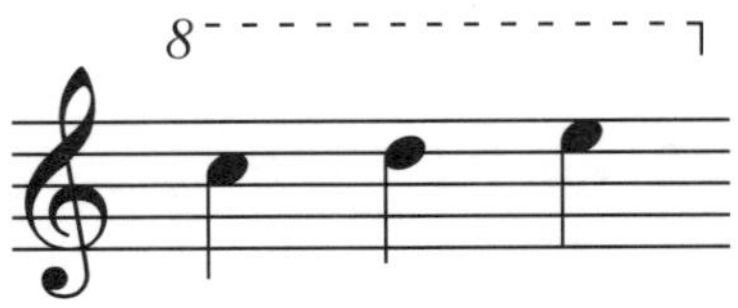

- ☐ 1. Oktave (c^1, d^1, e^1, …)
- ☐ 2. Oktave (c^2, d^2, e^2, …)
- ☐ 3. Oktave (c^3, d^3, e^3, …)

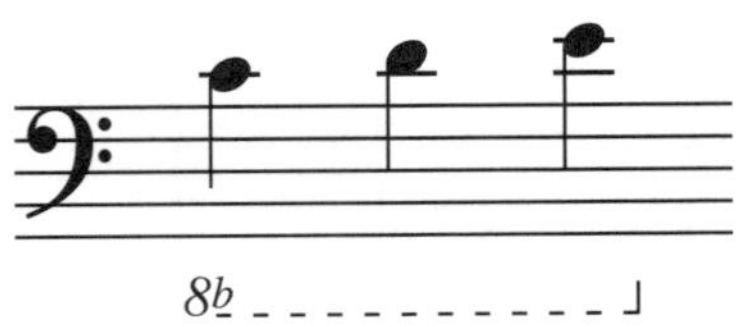

- ☐ kleine Oktave (c, d, e, …)
- ☐ große Oktave (C, D, E, …)
- ☐ Kontra-Oktave ($\underline{C}$, $\underline{D}$, $\underline{E}$, …)

125 Finde die Wörter heraus.

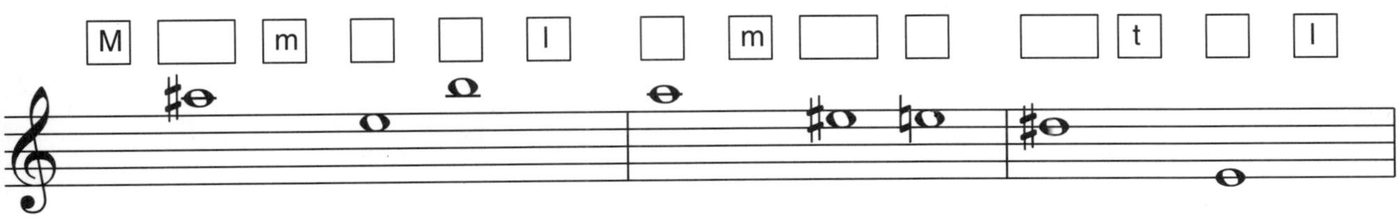

126 Schreibe den Fingersatz über die Noten.

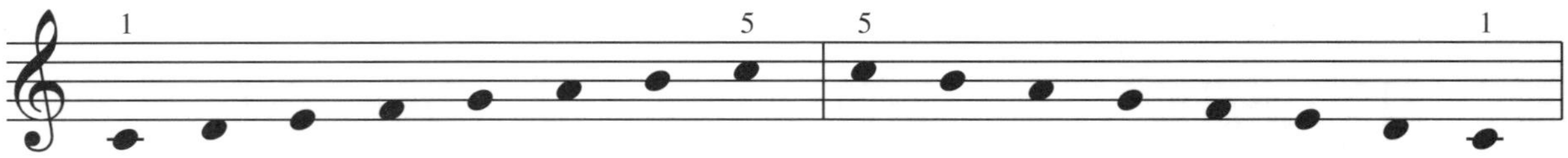

127 Schreibe die Viertel-Grundschläge unter jeden Takt.

128 Verbinde Rhythmusname und dazugehörende Rhythmusnoten.

Hi-Hat 

Becken 

16-Beat

Slow Rock

Swing

Hi-Hat 

129 Mit welchem Intervall beginnt die Melodie?

130 Ziehe Kreise um alle kleinen Terzen.
Man erkennt sie daran, daß sie nur drei Halbtonschritte haben.

131 Finde die Wörter heraus.

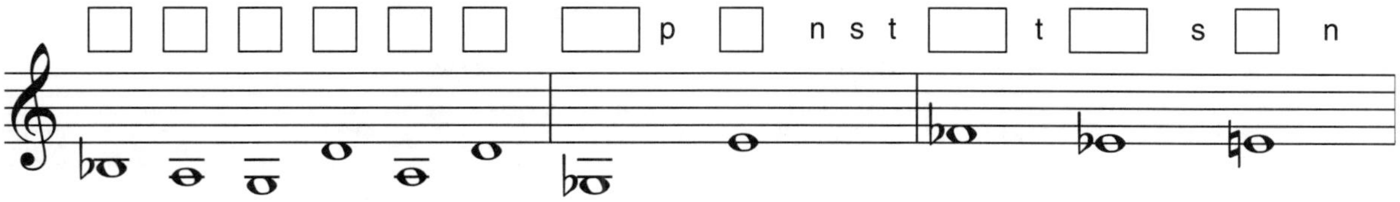

132 Setze die Notenreihe fort.

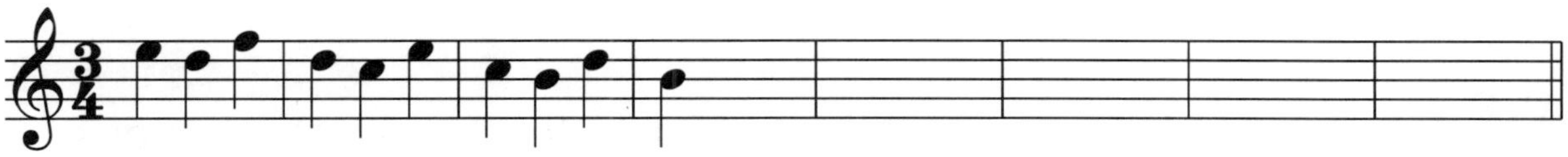

133 Kreuze die vier richtigen Aussagen über Vorzeichen und Versetzungszeichen an.

- ☐ Vorzeichen stehen hinter dem Notenschlüssel.
- ☐ Vorzeichen bedeuten „Achtung, die Melodie hat falsche Töne".
- ☐ Vorzeichen gelten für das ganze Stück.
- ☐ Versetzungszeichen erhöhen Noten um zwei Ganztöne.
- ☐ Versetzungszeichen stehen vor den Noten.
- ☐ Versetzungszeichen gelten nur für einen Takt.

134 Streiche die falschen Takte durch.

135 Bilde aus jedem Moll-Dreiklang einen Dur-Dreiklang.

Beispiel:

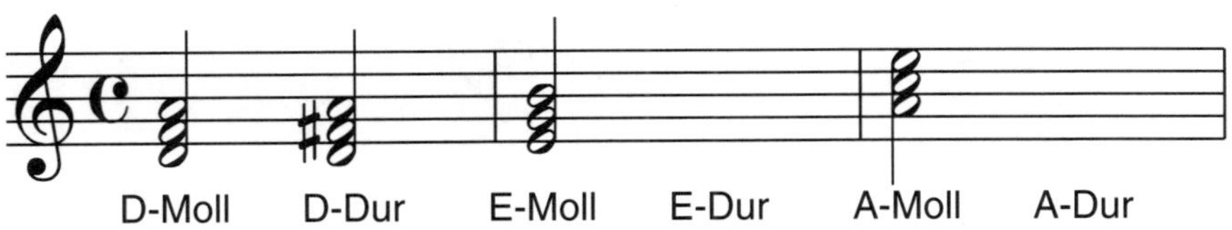

136 Verbinde den Akkord mit der Art der Umkehrung, in der er (üblicherweise) gespielt wird.

1. Umkehrung

Am

Grundstellung

C-Dur-Akkord

Grundstellung

F-Dur-Akkord

2. Umkehrung

G-Dur-Akkord

137 Wird die Note auf einer weißen oder schwarzen Taste gespielt? Male für die schwarzen Tasten die Kästchen aus.

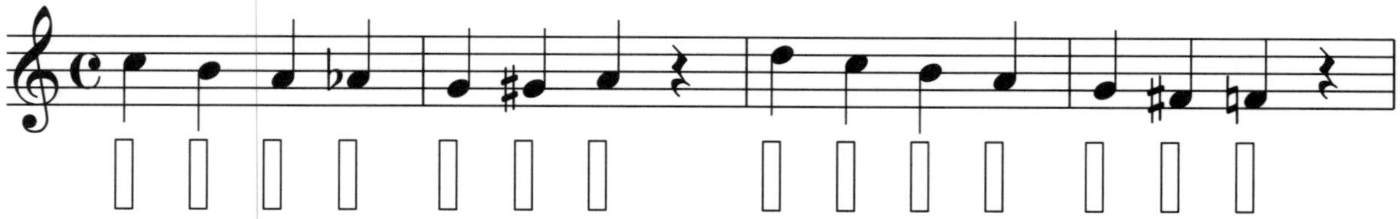

138 Ergänze auf jedem Tastenbild den Punkt für den oberen Ton des Intervalls.

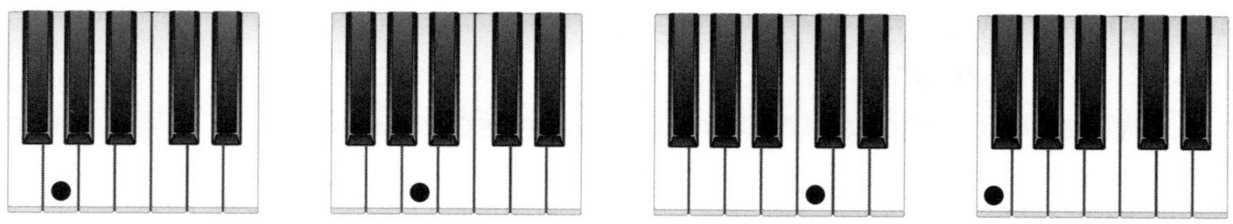

Terz | Quarte | Prime | Sekunde

139 Verbinde jedes Notenbild mit „kleiner Terz“ oder „großer Terz“.

kleine Terz

große Terz

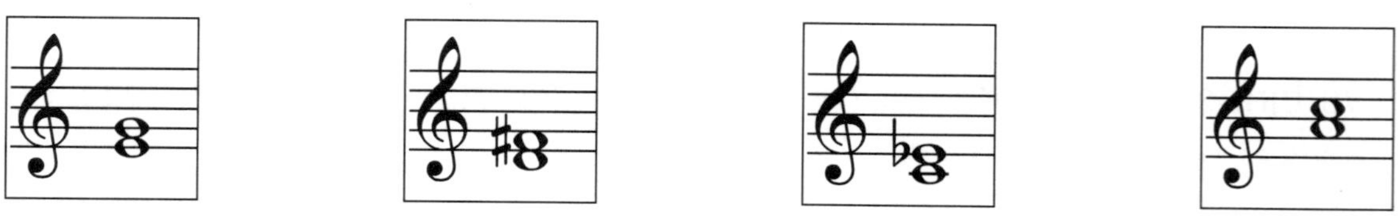

140 Ziehe Kreise um alle Moll-Dreiklänge.

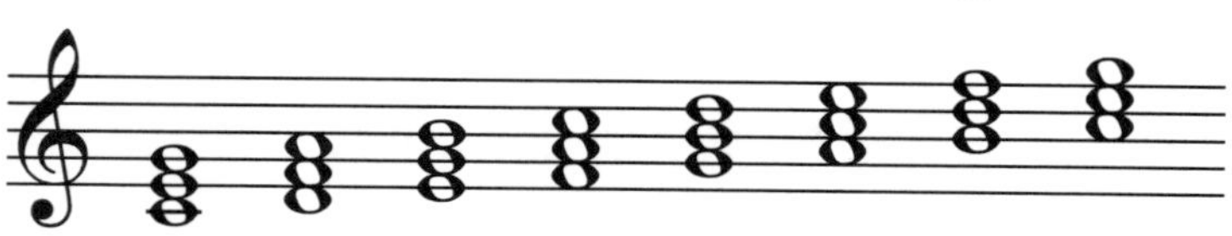

141 Verbinde Notenbild und Tastenbild des Dreiklangs.

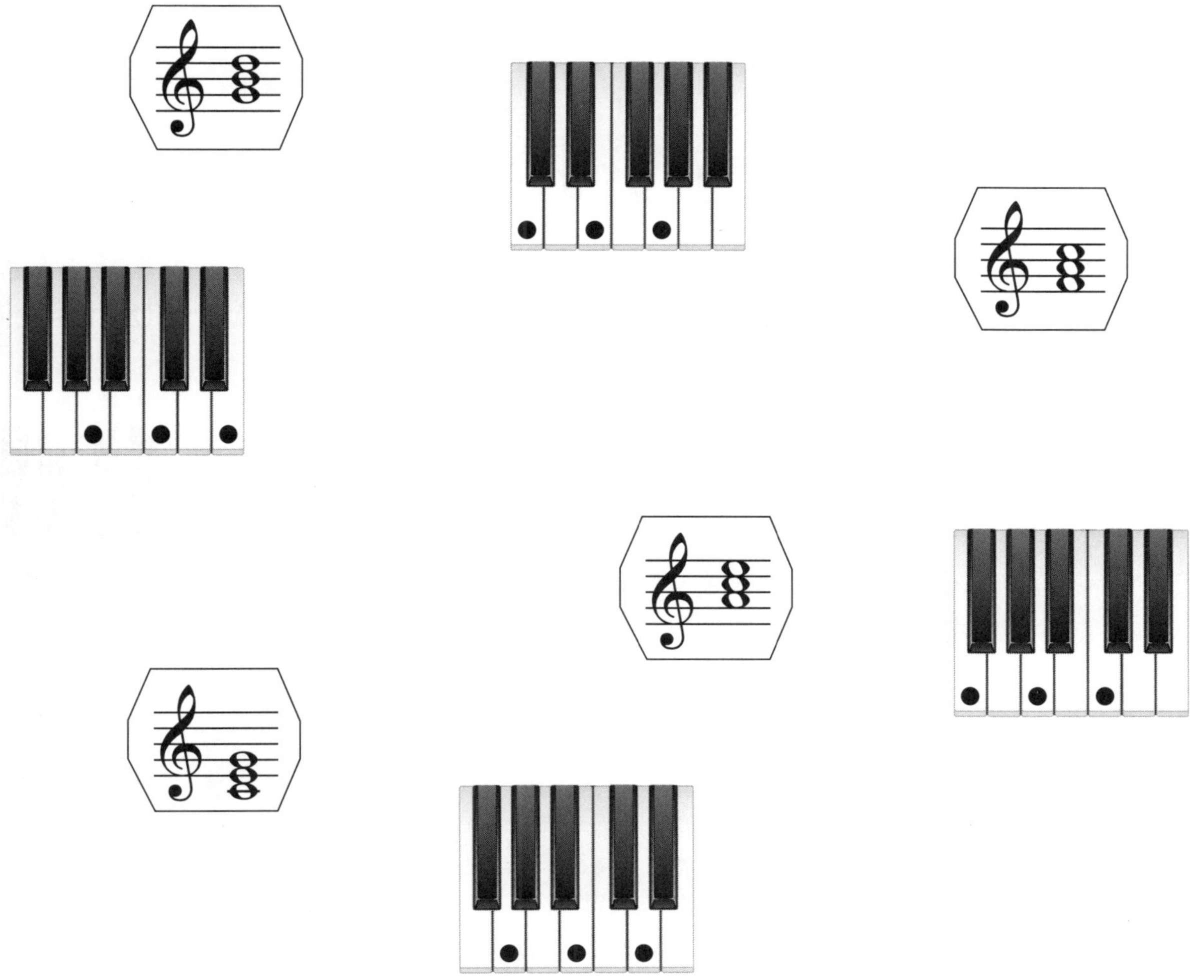

142 Auf dieser Seite sind neun Fehler versteckt. Suche sie und streiche sie durch. Die Buchstaben der richtigen Abbildungen ergeben einen musikalischen Begriff.

9 M  Legato

7 H  Versetzungszeichen

1 T  Sechzehntelnote

6 I 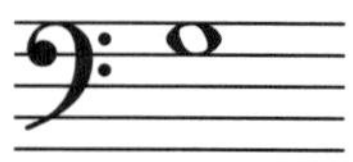 g

9 R 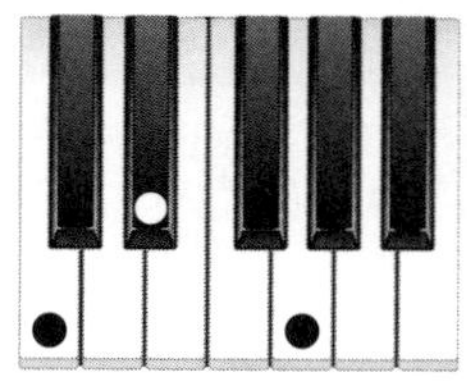 C-Moll-Dreiklang

8 K  Halbe Pause

4 D  Prime

5 E 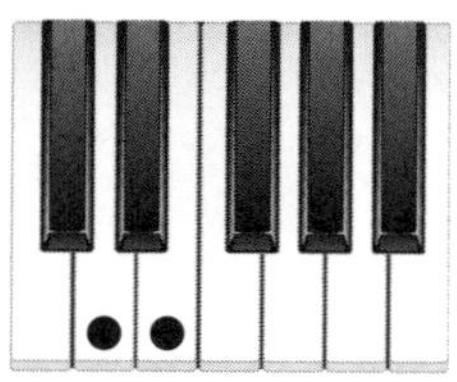 Sekunde

8 E  2. Umkehrung

2 O  Sechzehntelpause

2 B  Fermate

7 T  punktierte Viertelnote

3 C  Achtelpause

5 F 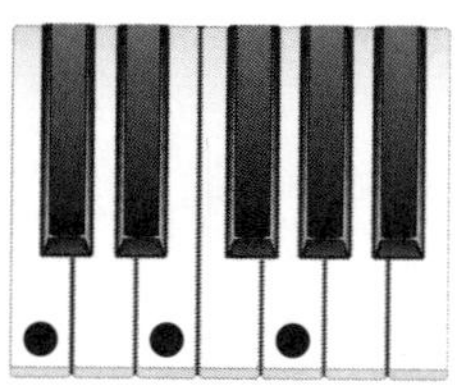 C-Moll-Dreiklang

6 G  g

4 L  große Terz

3 N  Fermate

1 A  Viertelnote

Lösungswort: _ _ _ _ _ _ _ _ _

1 2 3 4 5 6 7 8 9

Teil 3

Intervalle 2

Der Abstand zwischen zwei Tönen wird *Intervall* genannt. Zur Bestimmung eines Intervalls zählt man vom unteren Ton eines Intervalls die Tonstufen bis zum oberen Ton. Dabei werden die einzelnen Stufen einer Tonleiter mit den lateinischen Ordnungszahlen Prime, Sekunde, Terz usw. bezeichnet.

Quinte bezeichnet den Abstand zur fünften Stufe.

Sexte bezeichnet den Abstand zur sechsten Stufe.

Septime bezeichnet den Abstand zur siebten Stufe.

Oktave bezeichnet den Abstand zur achten Stufe.

143 Wie heißen die Intervalle?

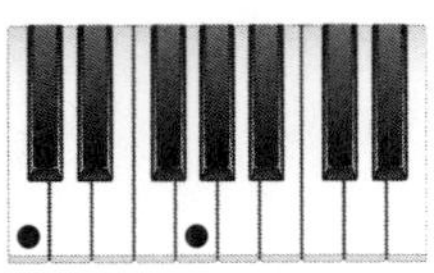

Quinte

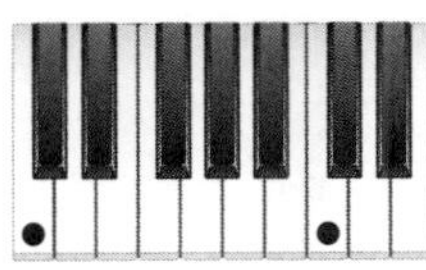

____

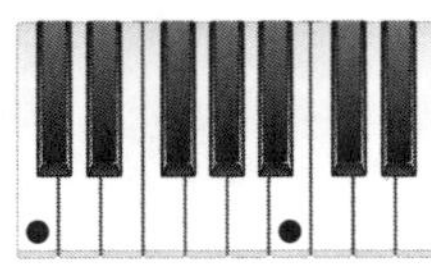

____

____

144 Schreibe folgende Intervalle von c^1 aufwärts.

Sexte

Septime

Oktave

Quinte

145 Verbinde:

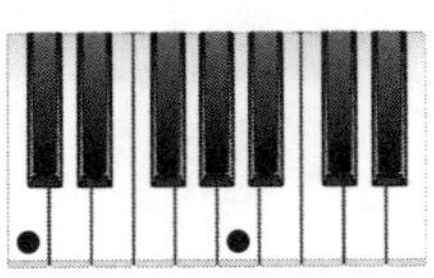

Sexte

Oktave

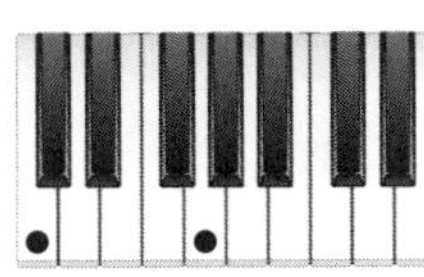

Septime

Quinte

Die Wiederholungszeichen: *D.S. al 𝄌 - 𝄌* und *D.C. al 𝄌 - 𝄌*

D.S. al 𝄌 - 𝄌 = Dal Segno al „Kopf"-„Kopf" = Spiele vom Zeichen 𝄋 bis Kopf 𝄌 und springe zum nächsten Kopf 𝄌

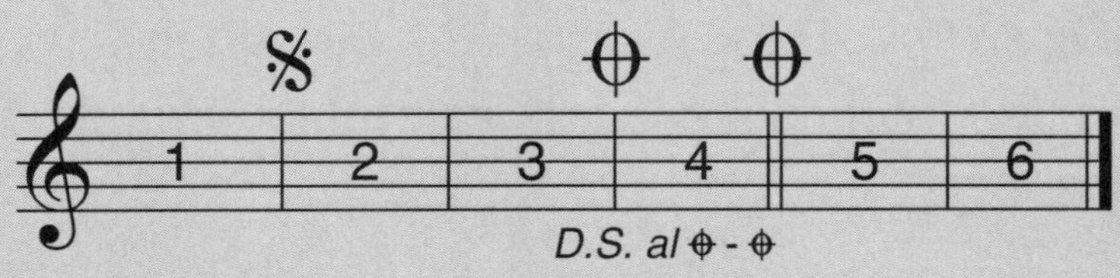

Spiele: 1234 23 56

D.C. al 𝄌 - 𝄌 = Da Capo al „Kopf"-„Kopf" = Wiederhole vom Anfang, spiele bis Kopf 𝄌 und springe zum nächsten Kopf 𝄌

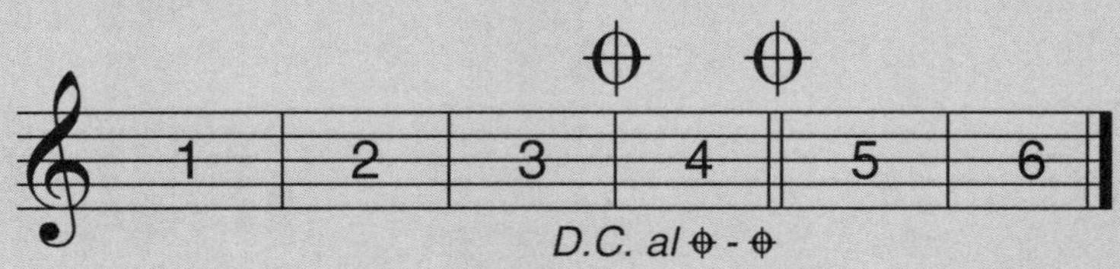

Spiele: 1234 123 56

Akkorde

D-Moll-Akkord

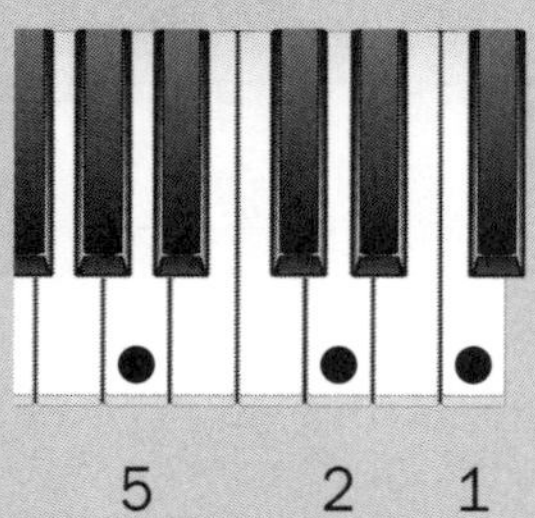

Dm

146 Trage ein, in welcher Reihenfolge die Takte gespielt werden.

Reihenfolge: 1 _ _ _ _ _ _ _ _ _ _ _

147 Ziehe Kreise um den Dm-Akkord.

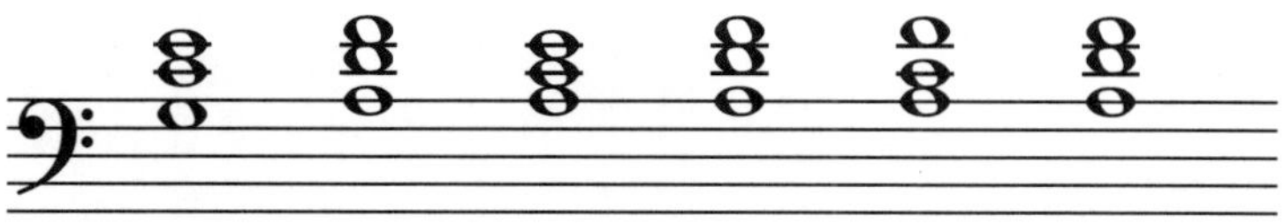

A-Moll

Natürliche A-Moll-Tonleiter

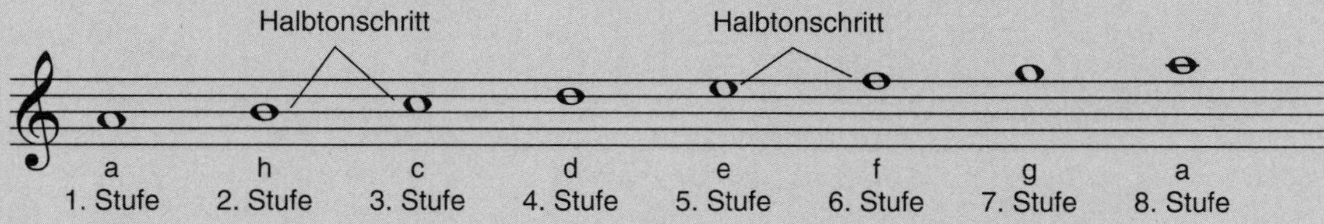

Die Halbtonschritte liegen bei der natürlichen Moll-Tonleiter zwischen der 2. und 3. und der 5. und 6. Stufe.

Harmonische A-Moll-Tonleiter

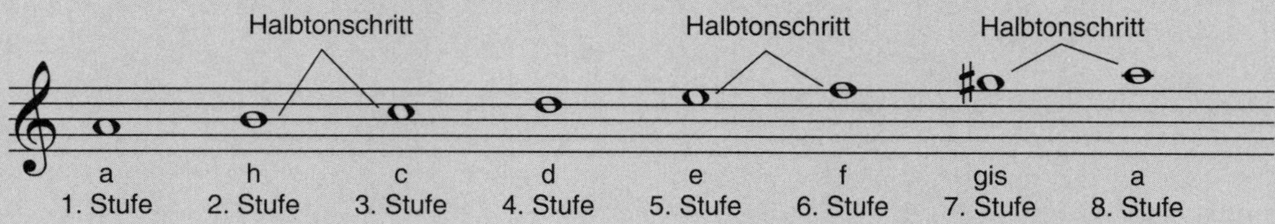

Bei der harmonischen Moll-Tonleiter wird die 7. Stufe (Leitton) erhöht: Bei A-Moll wird aus g gis.

Die Kadenz in A-Moll auf dem Keyboard

148 Zeichne die Halbtonschritte (Λ) ein.

Harmonische A-Moll-Tonleiter

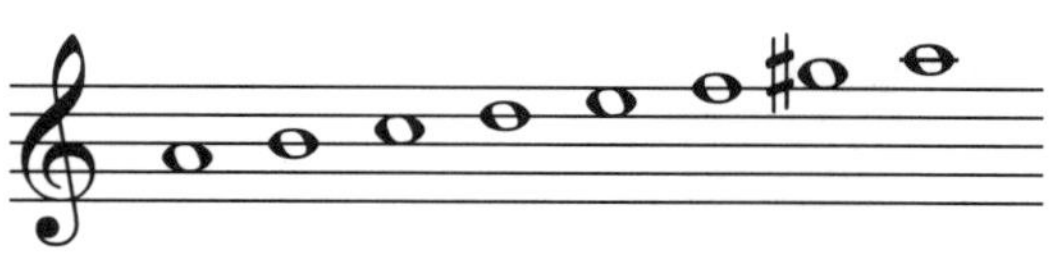

Natürliche A-Moll-Tonleiter

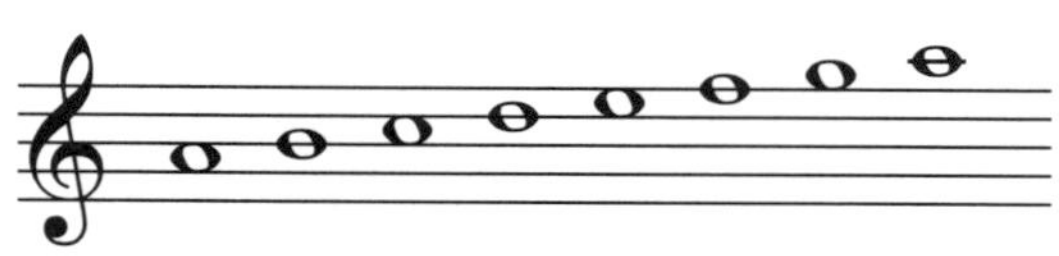

149 Ergänze die fehlenden Akkorde der Kadenz in A-Moll.

Am	___	___	___
I	IV	V^7	I

Der Vierklang: „Septakkord“

Zwei übereinander stehende Terzen bilden einen Dreiklang. Schichtet man drei Terzen übereinander, so entstehen Vierklänge, welche „Septakkorde“ genannt werden. Ein Septakkord besteht aus vier Tönen: Grundton, Terz, Quinte und Septime.

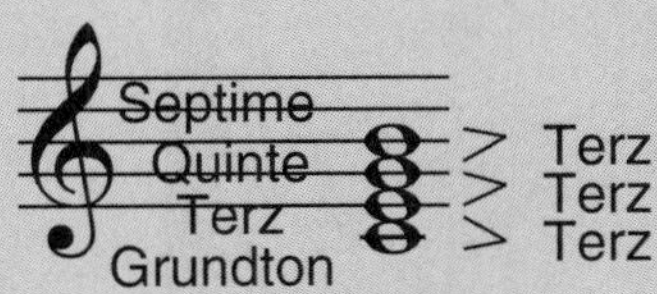

Vierklang auf C

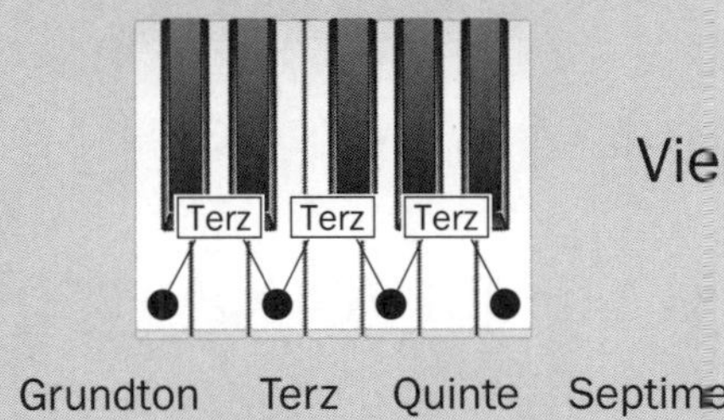

Vierklang auf C

Der Vierklang auf jeder Stufe der C-Dur-Tonleiter.

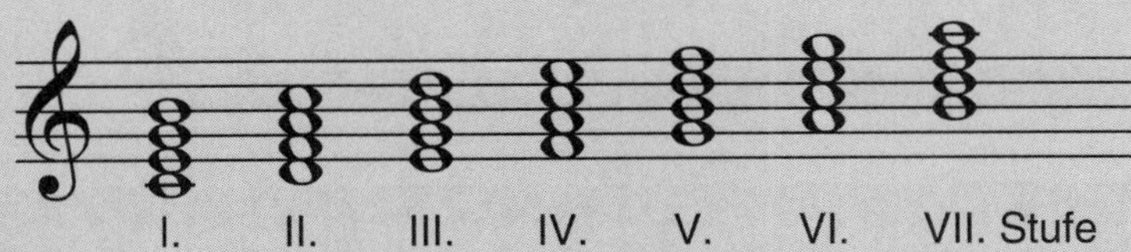

150 Der Vierklang „Septakkord“ besteht aus:

Grundton ______ ______ ______ ______

151 Bilde auf jedem Ton einen Septakkord.

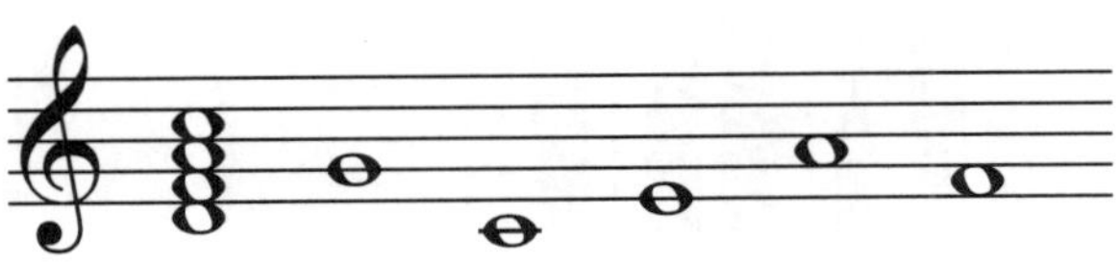

152 Kreuze die Septakkorde an.

☐ 

☐ 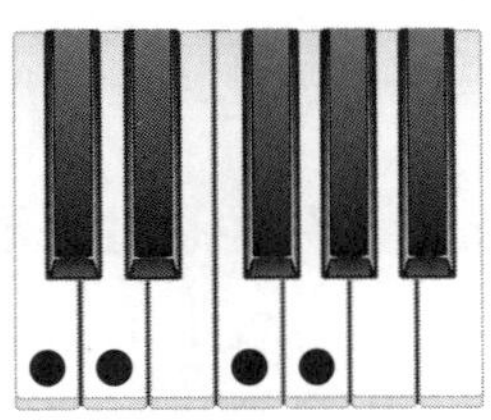

☐ 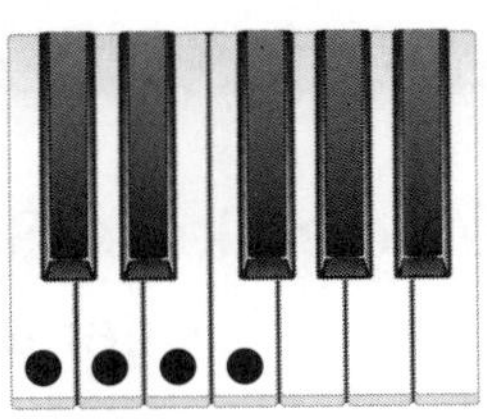

☐ 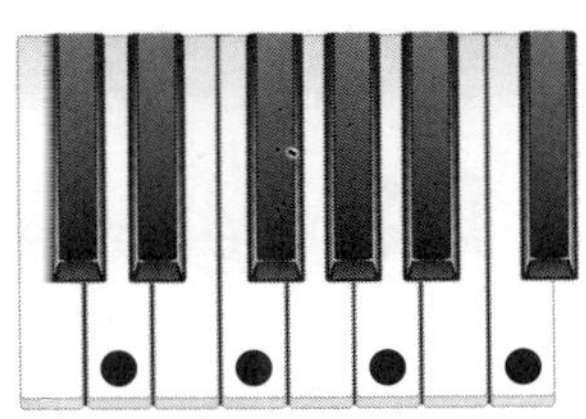

Lateinamerikanische Perkussionsinstrumente (Latin Percussion)

	Congas	große Handtrommeln
	Bongos	kleine, meist paarweise verwendete Handtrommeln
	Claves	Klanghölzer
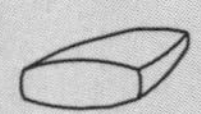	Cowbell	Kuhglocke
	Maracas	Rasseln aus Holzkugeln oder Kürbissen mit Stil

Der Dominantseptakkord

Der Dominantseptakkord ist ein Vierklang. Es ist der Vierklang auf der fünften Stufe (Dominante) einer Durtonleiter. Er besteht aus den Tönen: Grundton, große Terz, Quinte und kleine Septime.

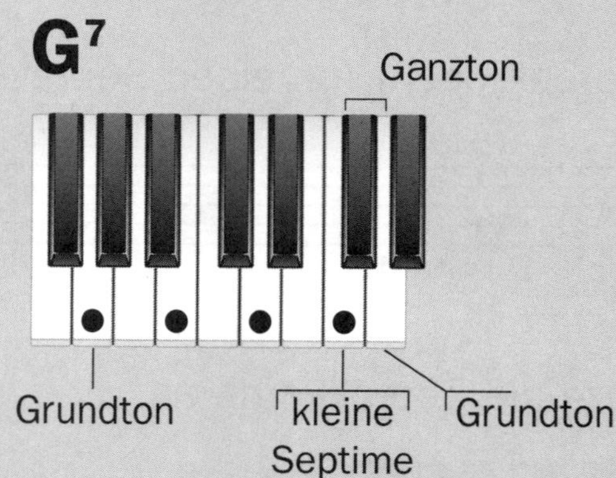

Für die kleine Septime steht hinter dem Akkordsymbol eine 7. Man findet die kleine Septime, indem man vom Grundton einen Ganzton tiefer geht.

153 Wie findet man am schnellsten die kleine Septime?

☐ Vom Grundton einen Ganzton tiefer gehen

☐ Vom Grundton einen Ganzton höher gehen

154 Wie heißen die Instrumente?

 ______________________  ______________________

 ______________________  ______________________

Die Vierteltriole

1 - un - de

Eine halbe Note läßt sich sowohl in zwei (𝅗𝅥=♩♩), als auch in drei (𝅗𝅥=♩♩♩ mit 3) gleiche Notenwerte unterteilen. Wird sie dreigeteilt, entsteht eine Vierteltriole. Die Triole wird durch eine Klammer bei den Notenhälsen und eine schräggestellt *3* gekennzeichnet.

1 - un - de 2 - un - de

Neue Töne

c H A G F E D C

155 Ziehe einen Kreis um die Vierteltriole.

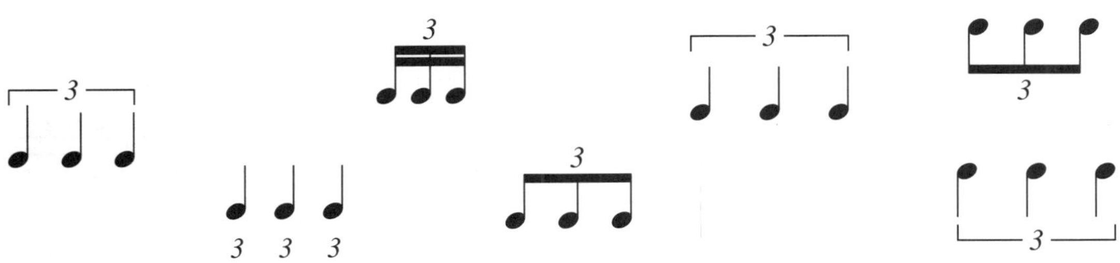

156 Wie heißen die Töne?

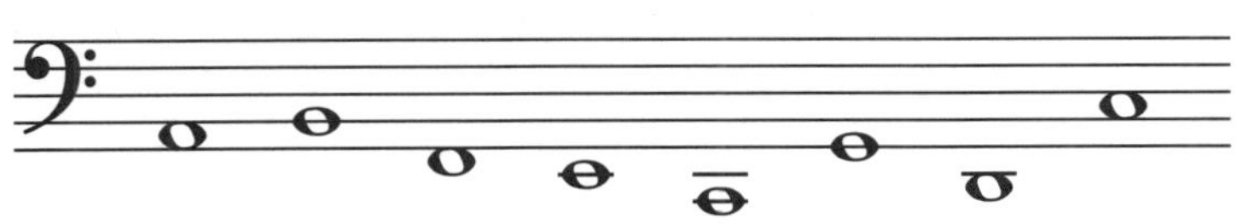

___ ___ ___ ___ ___ ___ ___ ___

F-Dur

F-Dur hat ein „♭" als Vorzeichen.

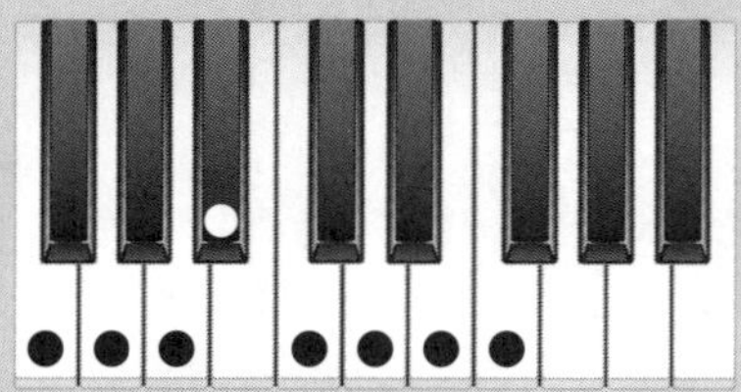

Die Kadenz in F-Dur:

Akkorde

B♭-Dur-Akkord

B♭

C⁷-Akkord

C⁷

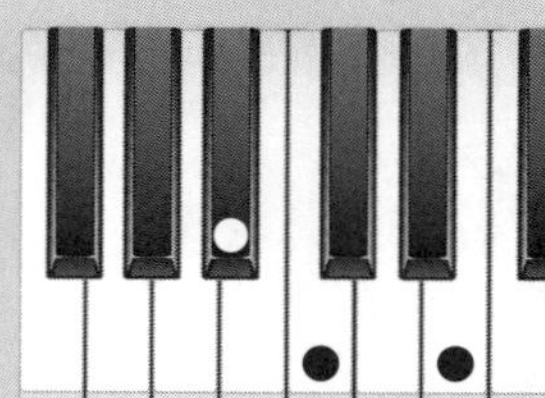

157 Kreuze die beiden richtigen Antworten an.

- ☐ F-Dur hat ein „b" als Vorzeichen.
- ☐ In F-Dur werden alle Töne auf schwarzen Tasten gespielt.
- ☐ In F-Dur steht auf der V. Stufe der C⁷-Akkord.

158 Trage die Halbtonschritte (Λ) ein.

159 Ergänze die fehlenden Akkorde der Kadenz in F-Dur.

F	___	___	___
I	IV	V⁷	I

160 Ziehe einen Kreis um den

B♭-Akkord

C^7-Akkord

Rhumba-Rhythmus

ist ein lateinamerikanischer Rhythmus im 4/4-Takt

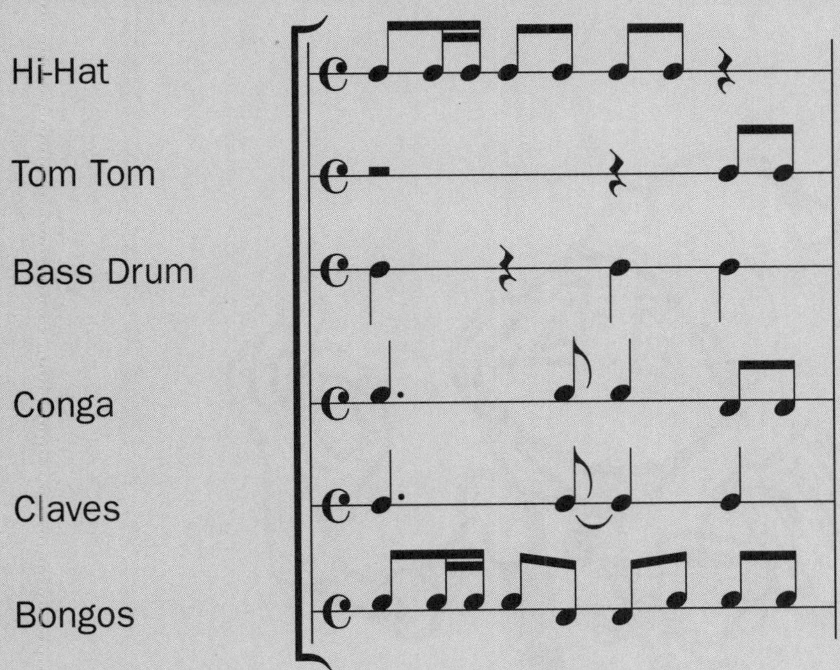

Registration Memory

Mit dieser Funktion kann man die gesamte Registrierung auf einer Memory Taste abspeichern. Die Speichertasten ermöglichen ein schnelles Umregistrieren.

161 Was ist das typische am Rhumba-Rhythmus? Kreuze die beiden richtigen Antworten an.

☐ Hi-Hat 

Tom Tom 

☐ Lateinamerikanischer Rhythmus im 4/4-Takt

☐ Die Rumkugeln

162 Wozu benötigt man „Registration Memory"

☐ Zum Kartenlegen

☐ Zum schnellen Umregistrieren

☐ Zum Computerspielen

Wissenstraining 3

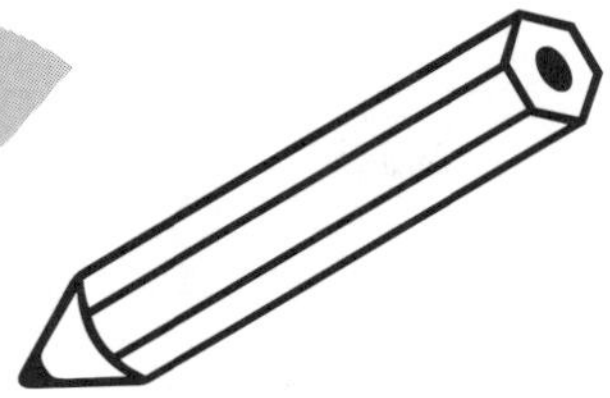

163 Trage Quinte (Qui.) oder Septime (Sept) in die Kästchen ein.

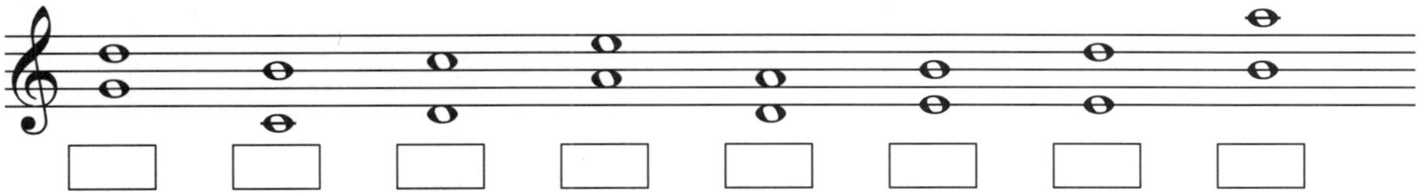

164 Ziehe einen Kreis um alle Rhythmusgruppen, die den Wert einer halben Note 𝅗𝅥 haben.

165 Finde die Wörter heraus.

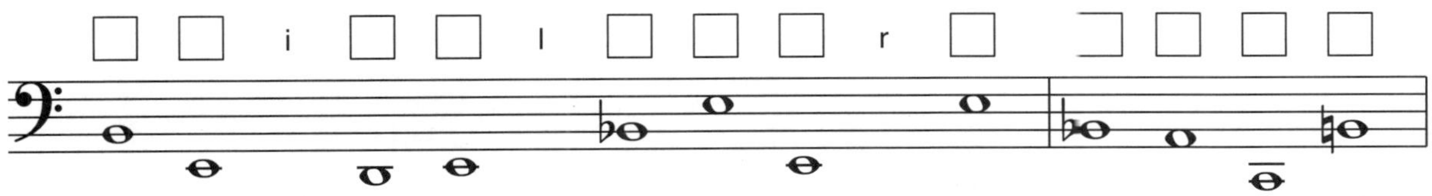

166 Welche Akkorde gehören nicht zu der Kadenz in A-Moll? Streiche sie durch.

Am D^7 E^7 Am F Dm

167 Verbinde deutschen und englischen Instrumentennamen.

Congas Kuhglocke Klanghölzer

Cowbell Claves große Handtrommel

Rasseln Maracas

168 Schreibe die ersten fünf Töne der Tonleiter.

G-Dur 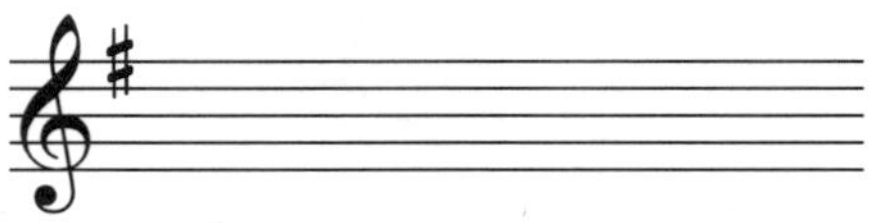

g^1 ___ ___ ___ ___

F-Dur 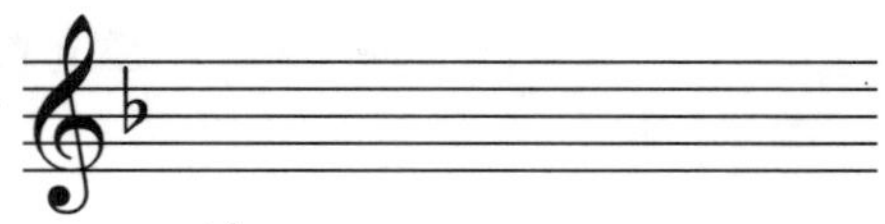

f^1 ___ ___ ___ ___

A-Moll 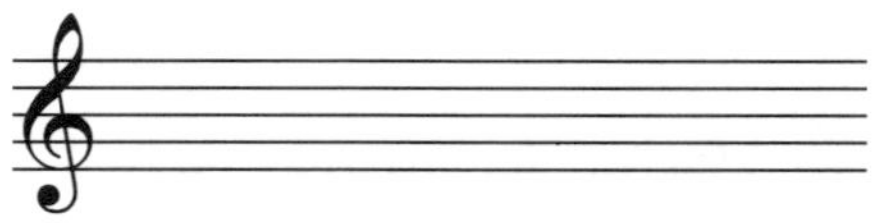

a^1 ___ ___ ___ ___

169 Schreibe Halbe-Grundschläge unter jeden Takt.

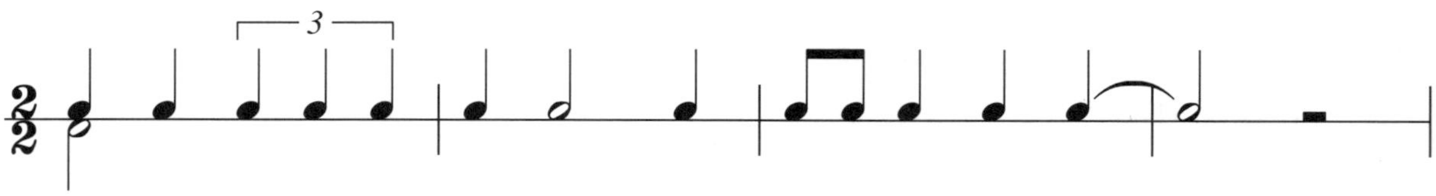

170 Wie heißen die Noten?

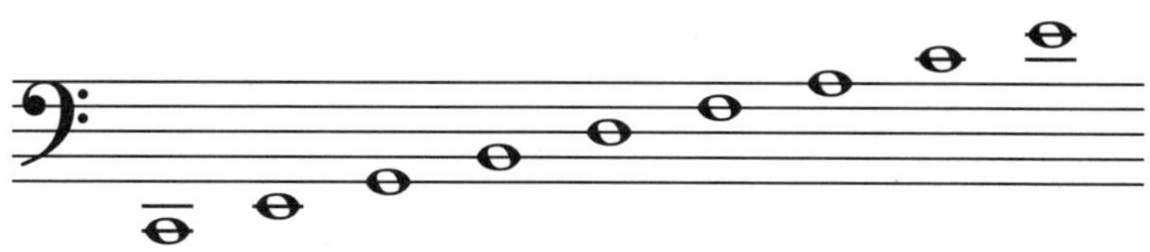

| C | | | | | | | | e^1 |

171 Ergänze die Vorzeichen.

F-Dur 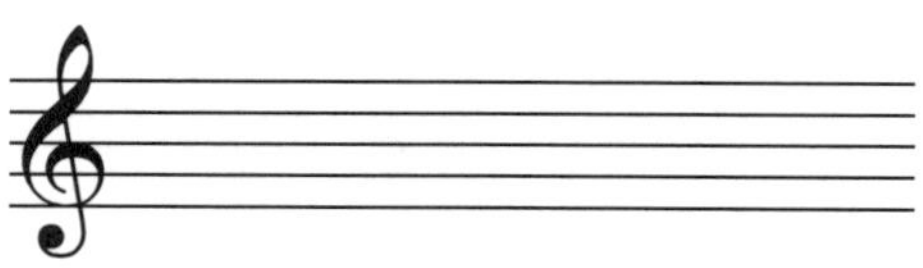

G-Dur 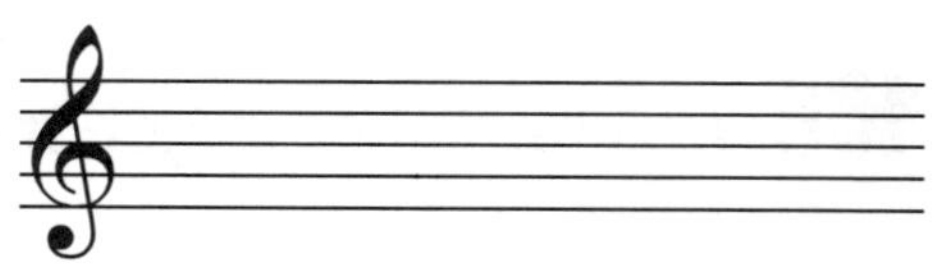

172 Trage die fehlenden Punkte in das Tastenbild ein.

Dm

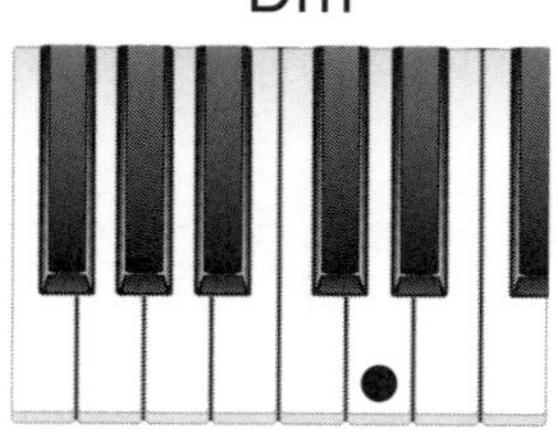

d

B♭

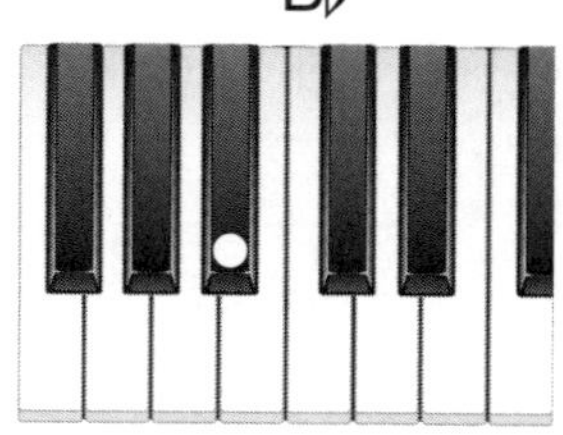

b

C^7

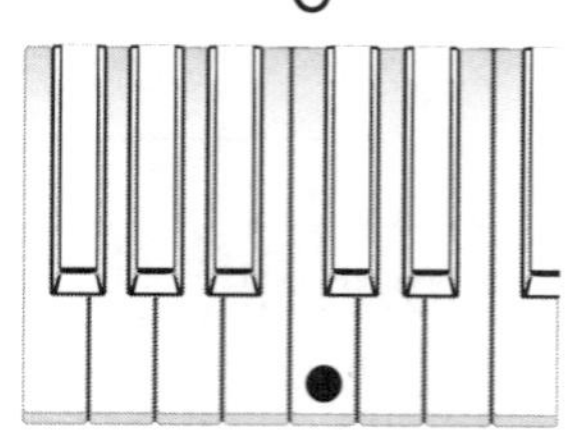

c

173 Trage Sexte (Sext) oder Oktave (Okt.) in die Kästchen ein.

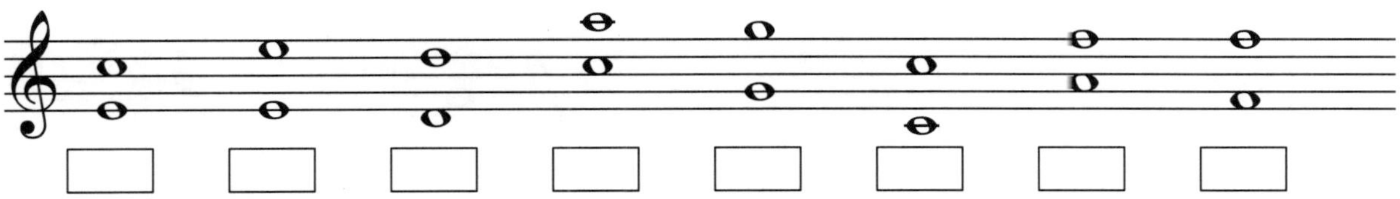

174 Übertrage die Akkordtöne vom Baßschlüssel in den Violinschlüssel, so daß ein Dominantseptakkord (in Grundstellung) entsteht.

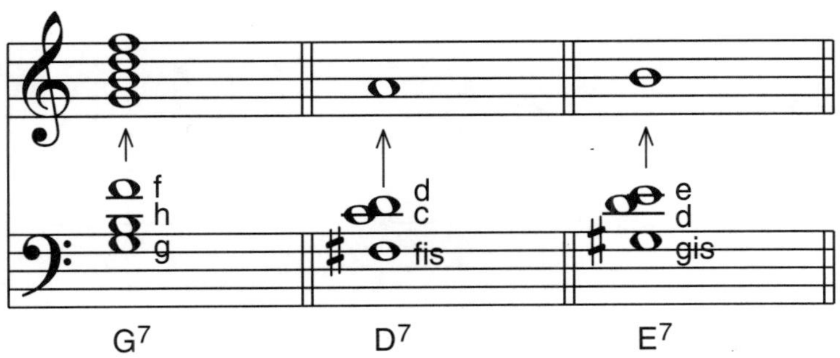

175 In welcher Tonart steht die Melodie?

Tonart: ____________________

176 Umrahme alle Vierteltriolen mit einem Quadrat ☐ und alle Achteltriolen mit einem Kreis ◯.

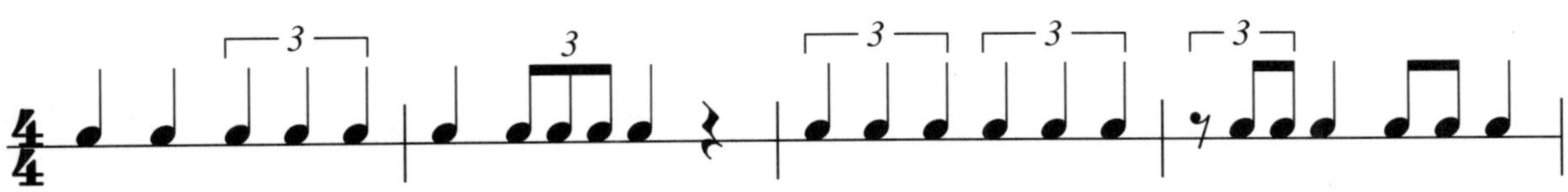

177 Verbinde Notenbild und Punkt auf der Tastatur.

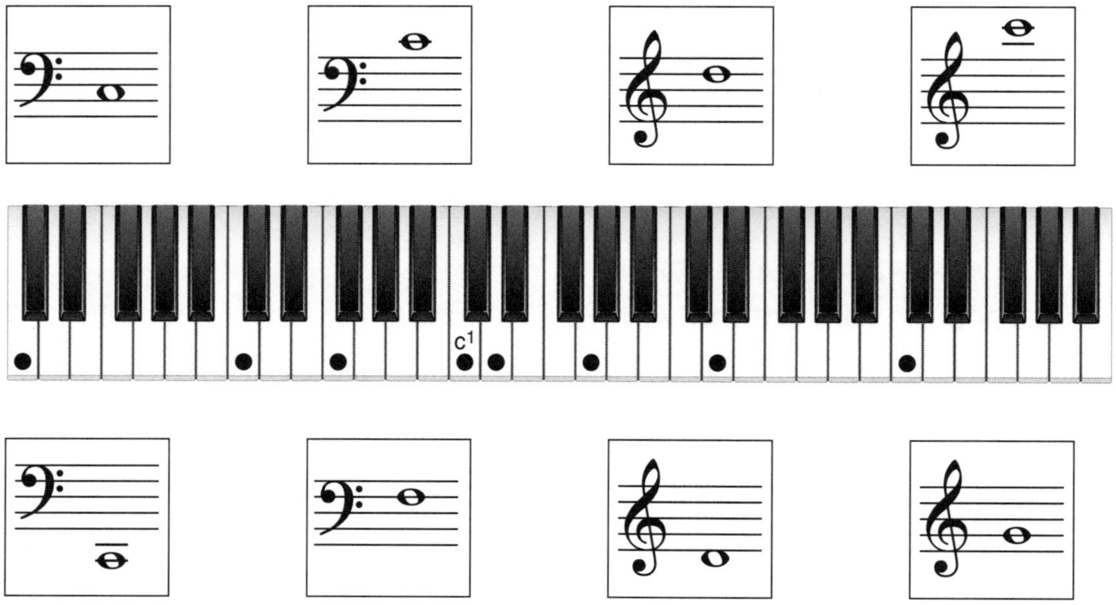

178 Wie heißt der erhöhte Ton auf der 7. Stufe der harmonischen Moll-Tonleiter?

- ☐ Farbton
- ☐ Brummton
- ☐ Leitton

179 Bestimme Terz (T) und Septime (S) des Akkords.

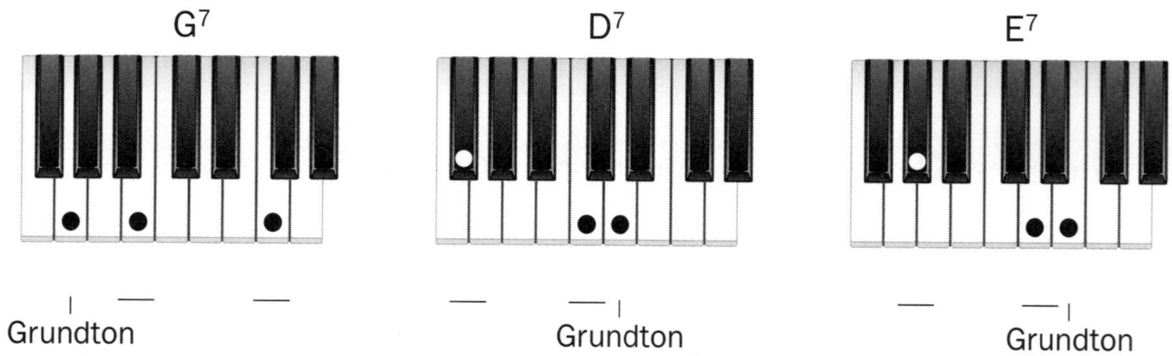

180 Finde die Kadenz in E-Moll heraus.

	I. Stufe	IV. Stufe	V. Stufe	I. Stufe
Kadenz in A-Moll	Am	Dm	E^7	Am
Kadenz in E-Moll	Em			

181 Setze die Notenreihe fort.

182 Verbinde die Takte mit der Reihenfolge, in der sie gespielt werden.

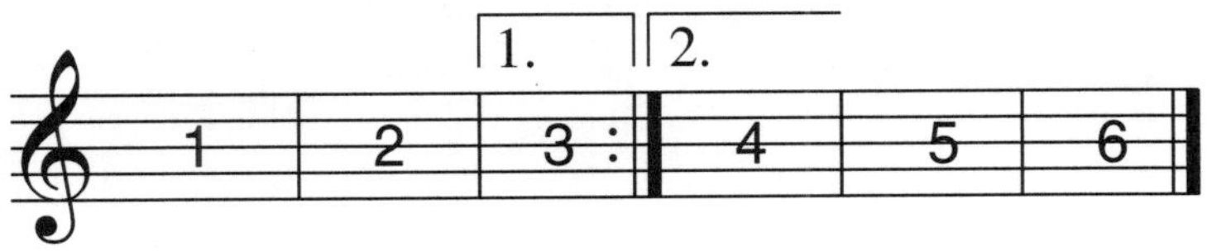

Reihenfolge: 1234 23 6

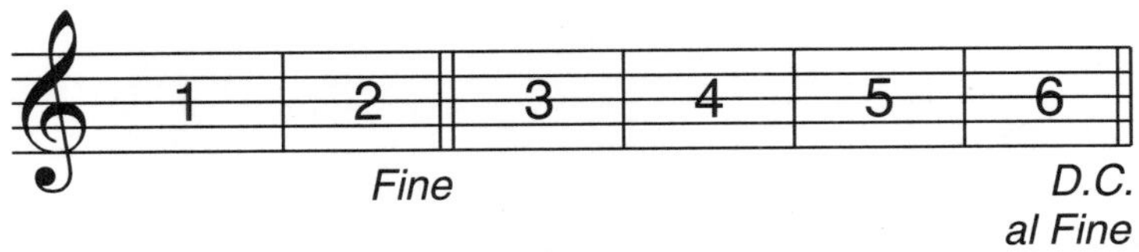

Reihenfolge: 123 12 456

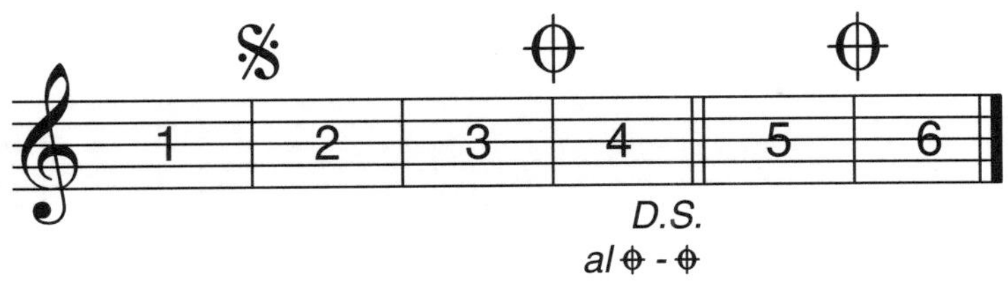

Reihenfolge: 123456 12

183 Trage die Namen der Intervalle in die Kästchen ein.

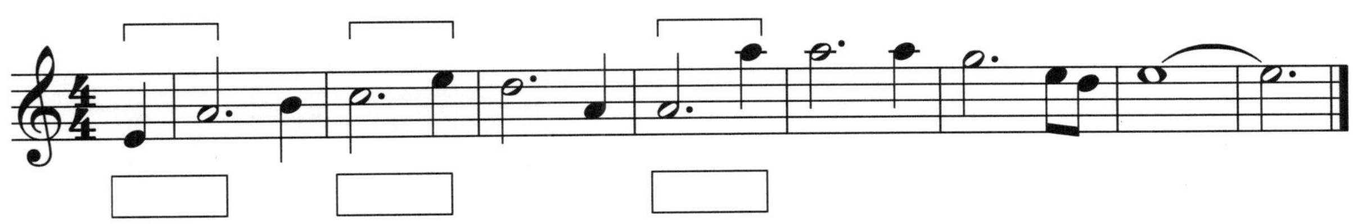

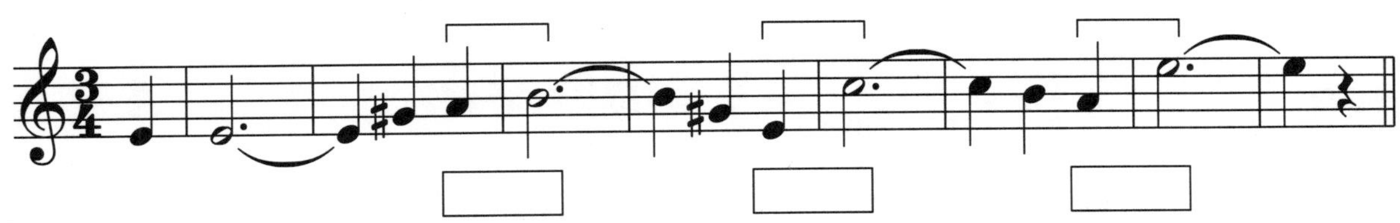

184 Schreibe die Zählzeiten unter die Takte. Zähle in Viertelnoten.

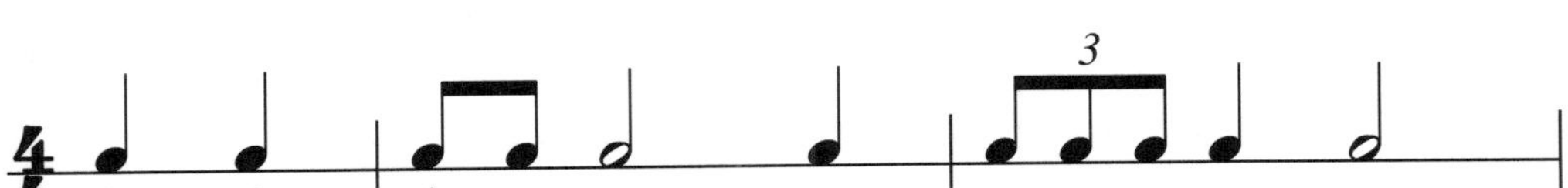

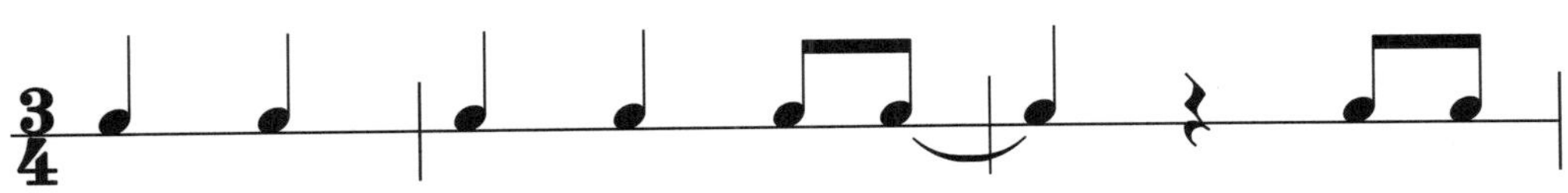

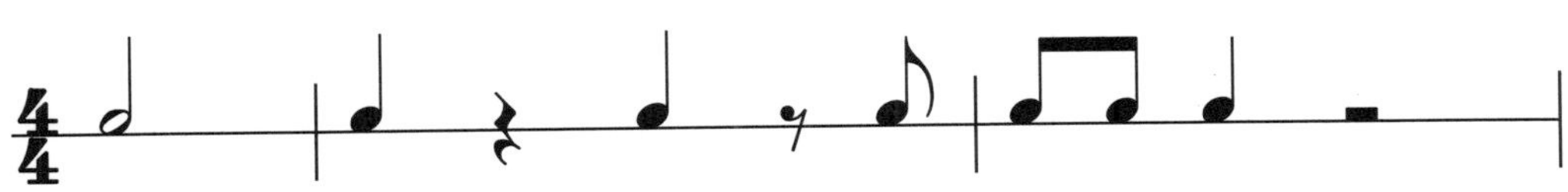

185 Ziehe Kreise um die Melodieteile, die aus Dreiklangstönen bestehen.

186 Übertrage die Melodie von F-Dur nach G-Dur und schreibe die richtigen Akkorde dazu.

187 Streiche die falschen Takte durch.

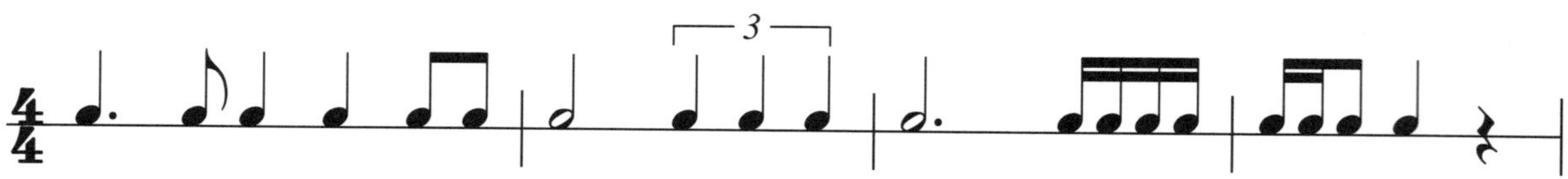

188 Wie heißen die Intervalle?

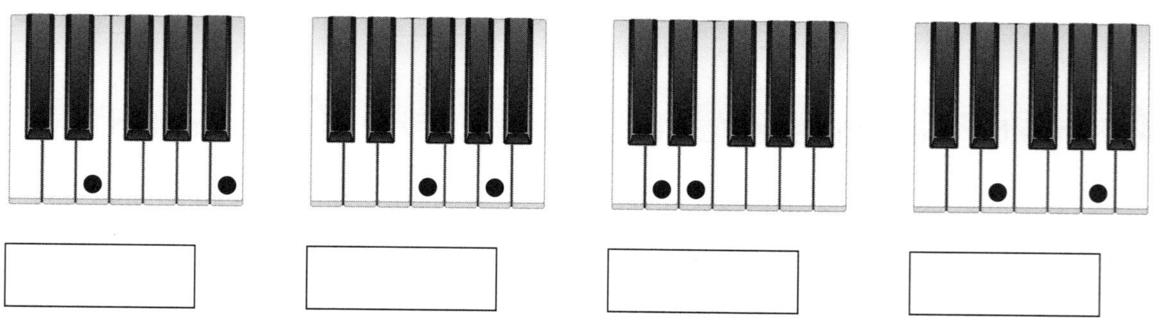

189 Welcher Finger bleibt beim Akkordwechsel auf seiner Taste?

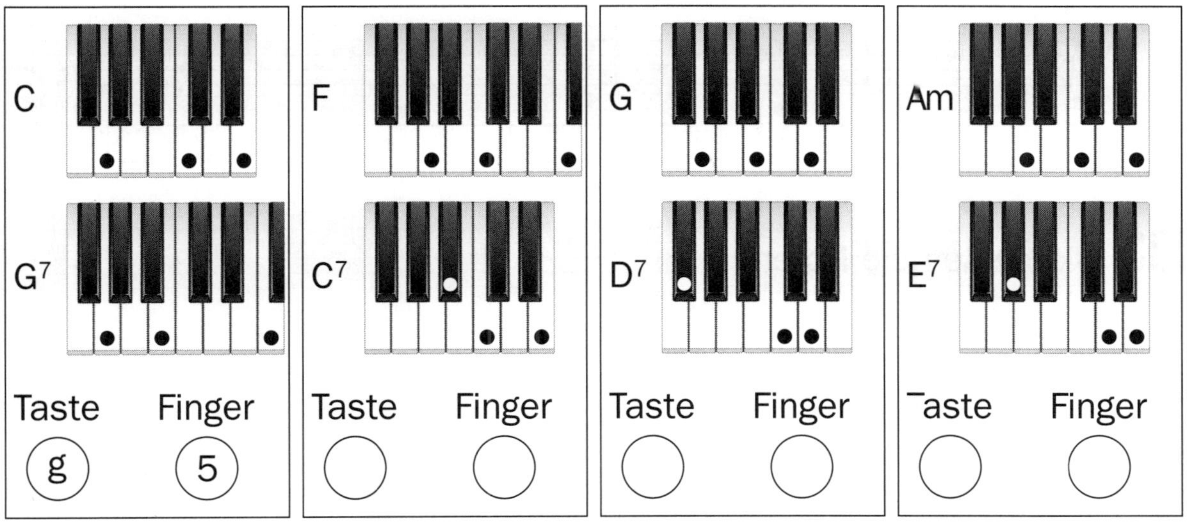

190 Ziehe die Taktstriche.

191 Vervollständige den Rhythmusnamen und verbinde ihn mit den dazugehörenden Rhythmusnoten.

_ _ _ _ g

16- _ _ _ _

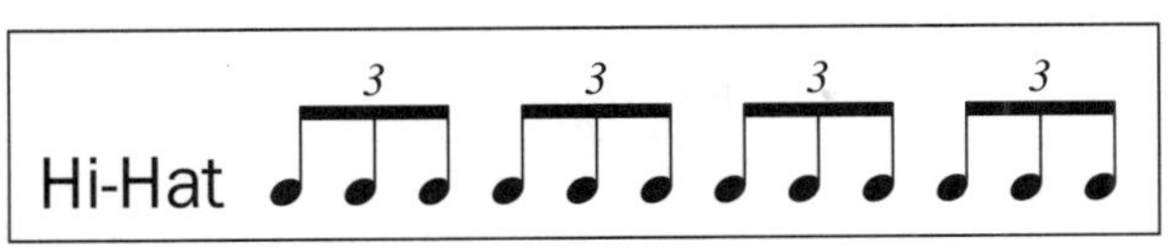

Rh _ _ _ _

Slow _ _ _ _

192 Trage die Namen der Intervalle in die Kästchen ein.

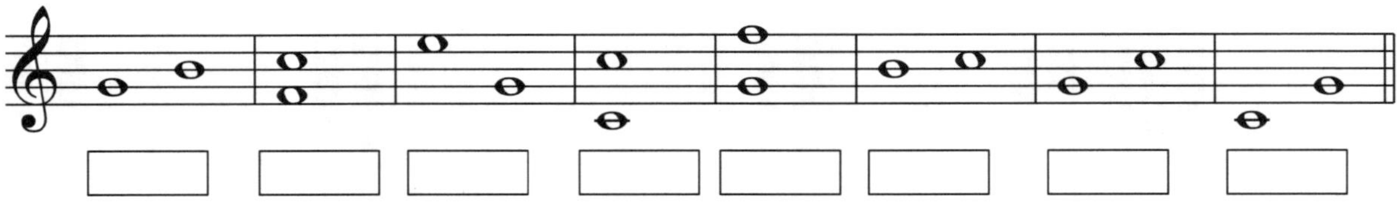

193 Wie heißen die Noten?

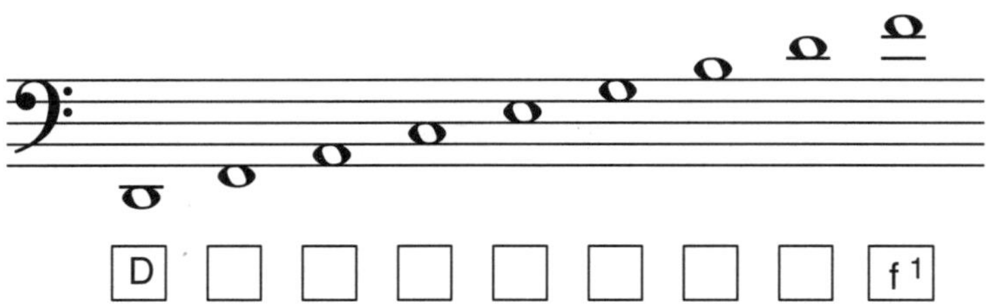

194 Wieviel Viertel-Schläge haben diese Noten?

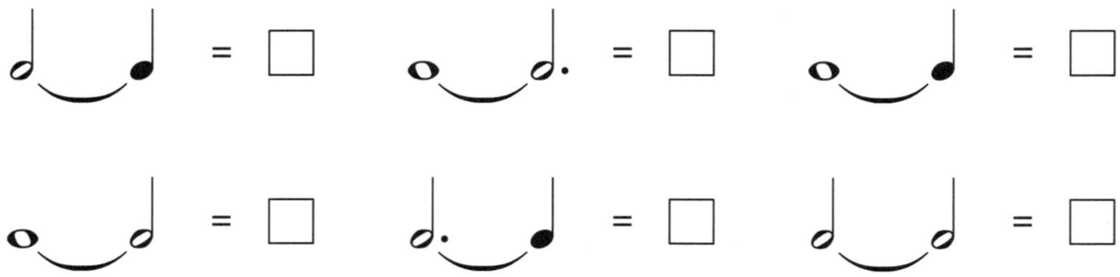

195 Fülle die Kästchen aus.

Kadenz

		I. Stufe	IV. Stufe	V^7. Stufe	I. Stufe
Tonart	C				
	F	F	Bb		
	G		C		G
	Am			E^7	

196 Wie heißen die Intervalle?

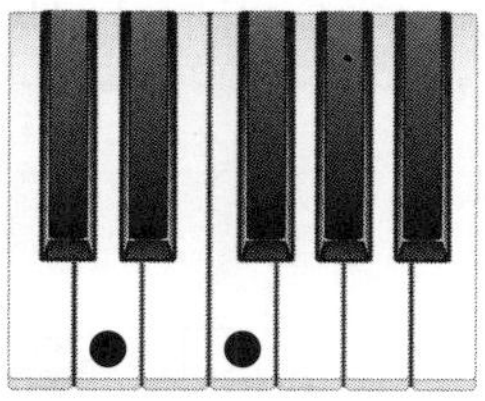
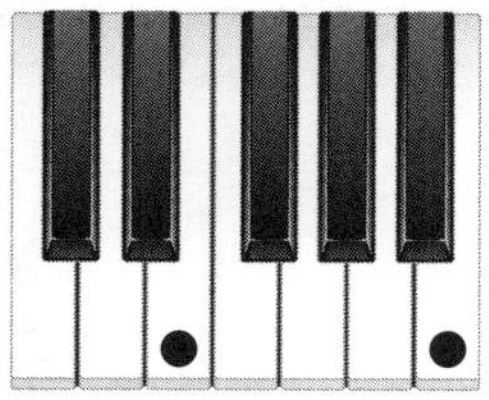
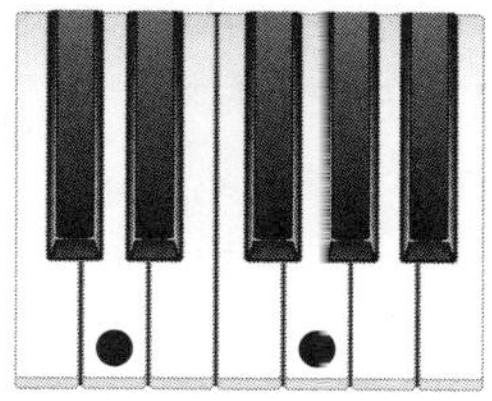

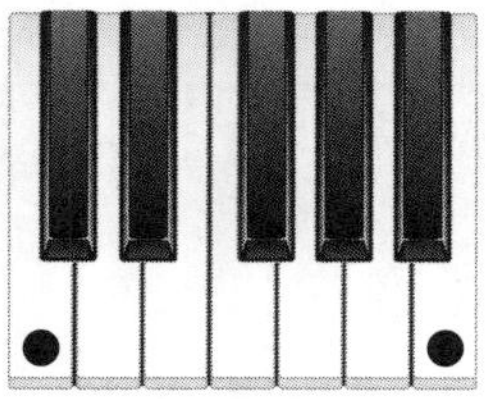
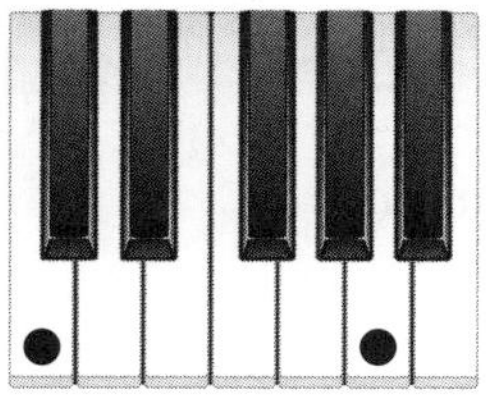

197 Setze die fehlenden Buchstaben ein und kreuze alle Latin Percussion-Instrumente an.

- ☐ H__-H__t
- ☐ __ecken
- ☐ B__ngos
- ☐ Cow__ell
- ☐ Ba__ __ Drum
- ☐ S__are Drum
- ☐ Cl__ves
- ☐ Stand To__
- ☐ Hänge To__
- ☐ M__r__cas

198 Wie heißen die Akkorde?

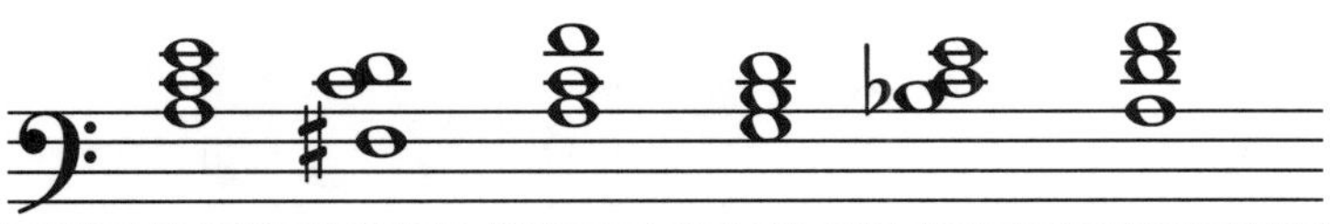

___ ___ ___ ___ ___ ___

199 Kreuze die richtigen Intervallbezeichnungen an.

- ☐ Primel
- ☐ Quinte
- ☐ Quark
- ☐ Oktave
- ☐ Terz
- ☐ Serpentine
- ☐ Scherz
- ☐ Quarte

200 Auf dieser Seite sind zehn Fehler versteckt. Suche sie und streiche sie durch. Die Buchstaben der richtigen Abbildungen ergeben einen musikalischen Begriff.

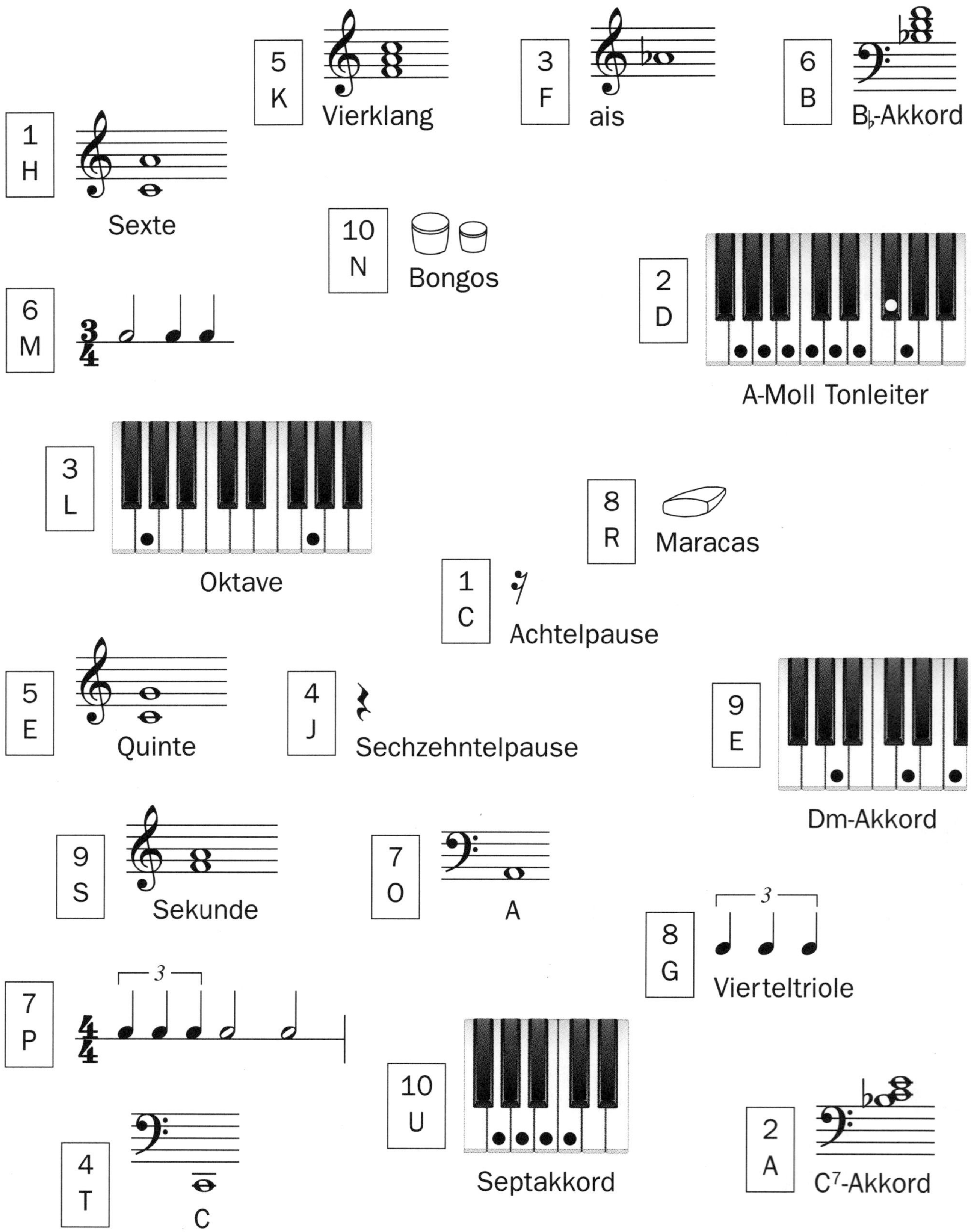

Lösungswort: __ __ __ __ __ __ __ __ __ __

1 2 3 4 5 6 7 8 9 10

Akkordtabelle

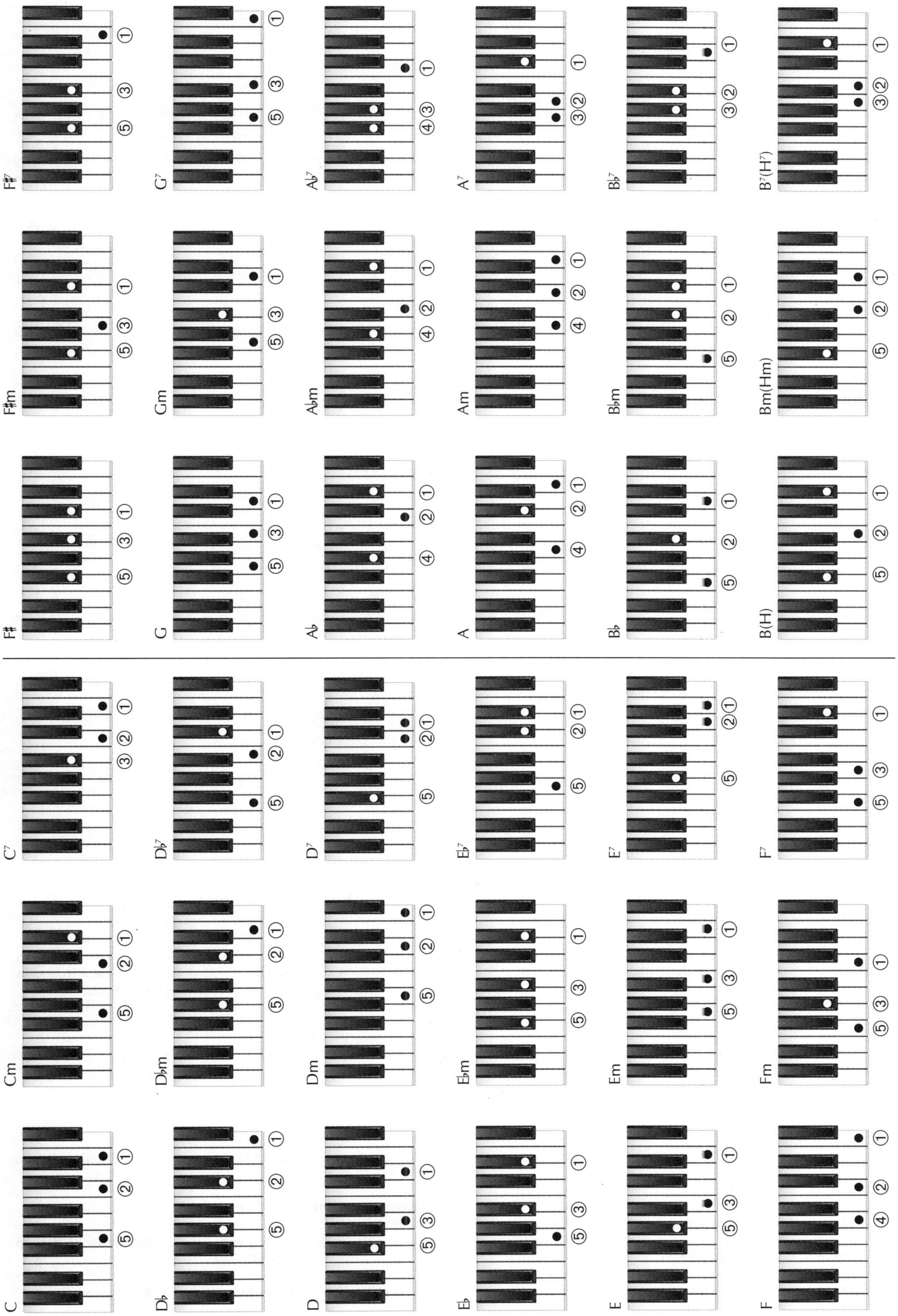

Stichwortverzeichnis

Instrumente auf dem Keyboard

Englisch – Deutsch

Englisch	Deutsch
Piano	**Tasteninstrumente**
Grand Piano	Klavier/Flügel
Honky Tonk Piano	verstimmtes Klavier
Bell Electric Piano	Elektr. Klavier
Harpsichord	Cembalo
Organ	**Orgeln**
Jazz Organ	Jazzorgel
Rock Organ	Rockorgel
Church Organ	Kirchenorgel
Trad. Accordion	Akkordeon
Harmonica	Mundharmonika
Mallets	**Stabspiele**
Vibraphon	Vibraphon
Marimba	Marimbaphon
Xylophon	Xylophon
Tubular Bells	Röhrenglocken
Timpani	Pauken
Steel Drums	Melodie-Instrumente aus Ölfässern
Guitar	**Gitarren**
Classical Guitar	Akustische Gitarre
Clean Guitar	E-Gitarre
Bass	**Bassinstrumente**
Acoustic Bass	Akustischer Bass
Synth Bass	E-Bass
Strings	**Streichinstrumente**
Violin	Violine
Cello	Violoncello
Contrabass	Kontrabass
Harp	Harfe
Brass	**Blechblasinstrumente**
Trumpet	Trompete
Trombone	Posaune
French Horn	Horn
Tuba	Tuba
Tenor Sax	Tenorsaxophon
Reeds	**Holzblasinstrumente**
Clarinet	Klarinette
Oboe	Oboe
Bassoon	Fagott
Pipes	**Flöten**
Flute	Querflöte
Piccolo	Piccoloflöte
Pan Flute	Panflöte
Recorder	Blockflöte
Ensemble	**Instrumentalgruppen**
Strings	Streicher
Choir	Chor
Brass Section	Blechbläsergruppe
Synth Lead + Synth Pad	**Synthetische Klänge**
Drum Kit	**Schlagzeug**